Ruth Rustemeyer, Claudia Callies
Aufschieben, Vermeiden, Verzögern

Ruth Rustemeyer, Claudia Callies

Aufschieben, Vermeiden, Verzögern

Einführung in die Prokrastination

Für B. Rustemeyer und W. Krause

Die Deutsche Nationalbibliothek verzeichnet diese Publikation in der Deutschen Nationalbibliografie; detaillierte bibliografische Daten sind im Internet über http://dnb.d-nb.de abrufbar.

Die Herausgabe des Werkes wurde durch die Vereinsmitglieder der WBG ermöglicht.
Layout, Satz und Prepress: Lichtsatz Michael Glaese GmbH
Umschlaggestaltung: Peter Lohse, Heppenheim
Umschlagabbildung: Fünf vor Zwölf © by-studio – Fotolia.com
Gedruckt auf säurefreiem und alterungsbeständigem Papier
Printed in Germany

Besuchen Sie uns im Internet: www.wbg-wissenverbindet.de

ISBN 978-3-534-26283-0

Elektronisch sind folgende Ausgaben erhältlich:
eBook (PDF): 978-3-534-26323-3
eBook (epub): 978-3-534-26324-0

Inhalt

Statt einer Einführung

Mit seinen drei Romanen, die in rascher Folge 1951, 1953 und 1954 erschienen, machte der 1906 in Greifswald geborene Schriftsteller Wolfgang Koeppen Furore. Denn sowohl „Tauben im Gras" wie auch „Das Treibhaus" und – last, but not least – „Der Tod in Rom" brachten „einen neuen Ton in die deutsche Gegenwartsliteratur" (Weidermann, 2006, S. 56). Voller Erwartungen sahen deshalb sein Verleger, seine Leser, aber auch Literaturkritiker, darunter Marcel Reich-Ranicki, seinem nächsten Roman entgegen, hatte der Schriftsteller doch einen solchen selbst angekündigt. Es sollte ein „großer" autobiografischer Roman werden und sein Leben in der Zeit des Nationalsozialismus zum Inhalt haben.

Jahr für Jahr verging, aber es tat sich nichts! Der Roman erschien nicht, obwohl Koeppen für diesen von Siegfried Unseld einen beträchtlichen Vorschuss erhalten hatte und der geduldige Verleger ihn auch dann noch finanziell unterstützte, als nicht nur Jahre, sondern Jahrzehnte seit der Ankündigung dieses Romans vergangen waren.

Dem Schriftsteller Koeppen setzten zwar immer wieder schon der Blick auf seinen Schreibtisch und der Anblick des leeren weißen Papiers zu, wurde er doch dadurch ständig an sein Vorhaben, das er nicht aufgeben wollte, erinnert, aber er schaffte es einfach nicht, seine Biografie zu schreiben. Er schaffte es auch dann nicht, als Unseld, der wegen seiner schier endlosen Nachsicht schon belächelt wurde, Koeppen schließlich androhte, seine Zahlungen einzustellen.

Er hat es dann doch nicht getan, und Wolfgang Koeppen hat noch 1985 vor einer Schulklasse von seiner geplanten Autobiografie gesprochen, die sein „Leben im Krieg und wie ich über den Krieg kam" (Döring, 2003, S. 1) beschreiben sollte. Aber auch danach wurde dieses Buch nicht geschrieben.

Nein, er war nicht, wie man meinen könnte, untätig in all diesen Jahren. Er schrieb schon. Er schrieb Erzählungen und Essays. Kündigte sogar andere Romane an und nannte deren Titel: „In den Staub mit allen Freunden Brandenburgs", „Tasso", „Ein Maskenball" und „Das Schiff" sollten sie heißen. Aber diese Romane wurden dann ebenso wenig von Koeppen geschrieben wie sein „großer Roman". Er vertröstete alle, die auf diesen warteten, wieder und wieder und schob dieses Vorhaben so lange vor sich her, dass schließlich aus seinem „Schweigen“ der „Fall Wolfgang Koeppen“ (Reich-Ranicki) wurde.

Als der Schriftsteller 1996 kurz vor seinem 90. Geburtstag in einem Münchener Pflegeheim starb, fand man in seinem Nachlass zwar „einige tausend Blätter Manuskripte“ (Estermann, 1998), aber auch unter diesen nicht jenen „großen Roman“, den Koeppen vor nahezu vier Jahrzehnten angekündigt hatte, auf den manche immer noch gehofft hatten, weil sie meinten, Koeppen habe diesen autobiografischen Roman zwar geschrieben, wollte ihn aber erst nach seinem Tod veröffentlicht sehen.

„Ich will es mal schreiben, warum, verdammt noch mal, schreibe ich es nicht?“ (Döring, 2003, S. 9), hat Wolfgang Koeppen einmal geäußert. Und diese Frage bewegt die Literaturkritik bis heute. Die Antworten, die darauf gegeben wurden, sind sehr unterschiedlich, und vielleicht wird man nie den wahren Grund ermitteln können, obwohl doch Aufschieben als solches jeder von uns kennt und ein Sprichwort den Grund für ein solches Verhalten genau zu kennen glaubt, wenn es lakonisch feststellt: „Morgen, morgen, nur nicht heute! Sagen alle faulen Leute.“

Nein, es war nicht Faulheit, die Wolfgang Koeppen an seinem Vorhaben, einen „großen Roman“ zu schreiben, scheitern ließ. Und es ist auch bei uns – zumindest nicht immer – Faulheit, wenn wir uns schwertun, dieses oder jenes anzupacken.

Denn das Phänomen des Aufschiebens begegnet uns ja nicht nur bei dem Schriftsteller Wolfgang Koeppen, sondern es ist weit verbreitet. Jeder kennt es – ob es sich um eine Tätigkeit handelt, der man sich endlich widmen sollte, um eine Aufgabe, die dringend erledigt werden müsste, oder um eine Entscheidung, die schon längst hätte getroffen werden müssen. Doch statt die Sache anzugehen, wird die Zeit vor einer wichtigen Prüfung, einem Vorstellungstermin, von dem viel abhängt, oder vor einem Behördengang, der keinen Aufschub duldet, mit nebensächlichen, meist angenehmeren Tätigkeiten verbracht, wird so getan, als habe man unendlich viel Zeit, obwohl man diese nicht hat!

Warum handelt man so? Warum schiebt man solche Dinge so oft auf und widmet sich ihnen erst, wenn einem das Wasser sozusagen schon bis zum Halse steht, nämlich unter hohem Zeitdruck in allerletzter Minute? Ist es vielleicht sogar sinnvoll, erst einmal innezuhalten und abzuwarten, damit man keine falsche Entscheidung trifft? Ist es vielleicht auch deshalb sinnvoll, weil durch dieses Aufschieben der innere Druck bei den Betreffenden so groß wird, dass sie dann können, was sie vorher nicht konnten? Dass man unter diesem Druck sogar effektiver arbeitet als ohne ihn? Ja, so sehen es manche dieser „Prokrastinierer", wenn sie sagen, ihre Aufgabe habe sich fast von allein erledigt.

Aufschieben geht häufig mit einem schlechten Gefühl einher, nicht zuletzt deshalb, weil die Meinung weit verbreitet ist, dass Prokrastinierer keine Selbstdisziplin besitzen, faul, müßig und untätig sind. Prokrastination ist ein mehr oder weniger stark selbstschädigendes Verhalten, das im Alltag, aber auch in Lern- und Leistungskontexten auftreten kann. Insbesondere akademische Prokrastination wird oft mit Motivationsmangel, fehlender Arbeitsdisziplin, fehlendem Ehrgeiz oder fehlender Selbstkontrolle in ursächlichen Zusammenhang gebracht. Autoren berichten, dass sich zwischen 80 und 95 Prozent der College-Studenten mit diesem Problem beschäftigen (Ellis & Knaus, 1977), sich 75 Prozent als Zögerer einschätzen und fast 50 Prozent konstant und mit problematischen Folgen aufschieben (vgl. Onwuegbuzie, 2000; Steel, 2007). Chancen werden verpasst, Gefühle der Frustration und Unzufriedenheit stellen sich ein, und einige Personen arbeiten weit unterhalb ihrer tatsächlich vorhandenen Möglichkeiten.

Etwas immer wieder aufzuschieben kann somit nicht gerade als erstrebenswerte Tugend bezeichnet werden, da dieses Verhalten eine eindeutig negative Komponente hat. Dennoch erzählen gelegentlich prokrastinierende Personen stolz, dass sie wieder einmal in vergleichsweise kurzer Zeit und mit relativ wenig Aufwand ihr Ziel erreicht haben. Dahinter steht die Überzeugung, erst unter hohem Druck effektiv arbeiten zu können. Für viele Betroffene hat das Aufschieben einen deutlich ambivalenten Charakter und wenigstens kurzfristig eine Belohnungsfunktion. Diese Gründe sind vermutlich mitverantwortlich dafür, dass praktische Übungen und kurze Trainingsmaßnahmen (etwa zum Zeitmanagement) nach anfänglicher Begeisterung rasch versanden und nicht konsequent in den Alltag übernommen und im alltäglichen Handeln umgesetzt werden.

Mehr Beachtung als hierzulande in der Forschung erhielt bereits seit den 1970er Jahren das Thema „Prokrastination" im angloamerikanischen Sprachraum (Ellis & Knaus, 1977). Inzwischen gibt es aber auch im deutschsprachigen Raum eine Reihe empirischer Untersuchungen, die sich dem Phänomen „Prokrastination" widmen.

1. Die Vielfältigkeit und Bedeutsamkeit von Prokrastination

1.1. Aufschieben, Verzögern, Prokrastinieren: Eine erste Begriffsbestimmung

Prokrastination[1] (auch Aufschiebe- oder Verzögerungsverhalten) kann auf die lateinischen Wörter *procrastinatio* bzw. *procrastino* zurückgeführt werden. *Procrastinatio* bedeutet „die Vertagung, der Aufschub, der Verzug", und *procrastino* (*pro* + *crastinus*) meint eigentlich „auf morgen verschieben"; im übertragenen Sinne „vertagen, aufschieben, verschieben" (s. Georges, 2003, Ausführliches Lateinisch-Deutsches Handwörterbuch).

Obwohl der Begriff heute eindeutig negativ konnotiert ist und unter Prokrastination allgemein ein Aufschieben von (wichtigen) Aufgaben auf einen späteren Zeitpunkt verstanden wird, hatte dieser Begriff in seiner ursprünglichen Verwendung keine negative Bedeutung, sondern beschrieb eine durchaus positive Verhaltensweise (vgl. Ferrari, Johnson, McCown, 1995). Einige Forscher lokalisieren die Ursprünge des Aufschiebens in der frühen Menschheitsgeschichte, als nämlich Menschen eine unmittelbare Belohnung für ihr Verhalten anstrebten. Da ihr Leben ständig bedroht war, hatte im „Hier und Jetzt" leben, ohne sich um künftige Ziele und Bedürfnisse zu kümmern, eine wichtige biologische Funktion in der Evolution. Auch wenn die Ursprünge der Prokrastination tatsächlich so weit zurückliegen sollten, gehen die meisten Forscher nicht von einer Vererbung des Verhaltens aus. Vielmehr wird angenommen, dass Aufschiebeverhalten gelernt wird, da sich keine genetischen Anlagen und kaum geschlechtsspezifische Unterschiede nachweisen lassen. Diese Auffassung wurde zumindest bis vor Kurzem in der wissenschaftlichen Diskussion vertreten. Neuerdings wird jedoch vor allem von Steel (2011) mit Verweis auf Ergebnisse der neurologischen Forschung und der Verhaltensforschung die biologische Erklärungsweise in die Diskussion gebracht.

---

1 Im vorliegenden Buch werden die Begriffe „Aufschiebeverhalten", „Aufschieben", „Zögern", „Vermeiden" und „Prokrastination" synonym verwendet. Aufschiebende Personen werden als „Prokrastinierer" bezeichnet.

Bei den Römern war mit Prokrastination vor allem ein Aufschub von Aktionen aus taktischen Gründen gemeint, also bedachtsames Handeln im Sinne eines besonnenen Abwägens, um v.a. in Kriegssituationen weise Entscheidungen treffen zu können. An diese ursprüngliche Bedeutung knüpft die sogenannte „Funktionale Prokrastination" (Ferrari, 1994) an, bei der eine Handlung bewusst aufgeschoben wird, um etwa durch Warten auf weitere Informationen wichtige Hinweise für die Bewältigung einer Aufgabe zu erlangen.

In der Zeit der Industrialisierung, etwa ab dem späten 18. Jahrhundert, als bedingt durch die industrielle Revolution geregelte Zeitabläufe eine immer wichtigere Rolle spielten, bekam aufschiebendes Verhalten eine negative, abwertende Bedeutung (Steel, 2007, p. 66). Milgram (1992, zitiert nach Ferrari et al., 1995) nimmt an, dass dieser Bedeutungswandel darauf zurückzuführen ist, dass Zeit und Pünktlichkeit im Alltag und im Beruf immer wichtiger wurden. Personen, die Schwierigkeiten haben, zeitig mit einer Aufgabe zu beginnen und sie fristgerecht fertigzustellen, arbeiten nicht nach dem geforderten Arbeitsrhythmus und werden als faul, träge und unmotiviert angesehen. Wird eine Aufgabe, eine Tätigkeit oder eine Entscheidung entgegen der ursprünglichen Intention aufgeschoben, wird dieses Verhalten als dysfunktional bezeichnet (vgl. Schouwenburg, 2004).

Systematisch beschäftigte sich die Forschung erst ab Mitte des 20. Jahrhunderts mit dem Aufschiebeverhalten.

Die vorliegenden Definitionen von Prokrastination akzentuieren unterschiedliche Aspekte. So definiert Schouwenburg (1995, p. 72) in Anlehnung an Solomon und Rothblum (1984, p. 503) Prokrastination als:

> „the act of needlessly delaying tasks to the point of experiencing subjective discomfort".

Der Begriff „unnötiges Aufschieben" deutet an, dass nicht alle verzögerten oder verspäteten Aufgabenbearbeitungen zwangsläufig als Aufschiebeverhalten bezeichnet werden müssen. Und weiter gehen die meisten Autoren davon aus, dass ein unangenehmes Gefühl bzw. ein subjektives Unwohlsein (subjective discomfort) mit dem Aufschiebeverhalten einhergeht. Prokrastination kann sich auf verschiedene Art und Weise äußern. Ferrari et al. (1995) charakterisieren aufschiebendes Verhalten folgendermaßen: Die Person beginnt zu spät mit der Tätigkeit, ist mit sich selbst unzufrieden, erlebt die Tätigkeit als aversiv und angsterzeugend und beschäftigt sich deshalb lieber mit alternativen Tätigkeiten. Schouwenburg (1995) stellt ähnliche Verhaltensweisen heraus, die typisch für Prokrastinierer sind: Aufschiebeverhalten zeigt sich in der Verzögerung der Intentionsbildung bzw. des Handlungsbeginns (Intentions-Verhaltens-Diskrepanz) und in der Verzögerung des Handlungsabschlusses durch die Beschäftigung mit alternativen Tätigkeiten. Schouwenburg (1995) betont auch, dass prokrastinierende Personen sich leicht von anderen konkurrierenden Aktivitäten ablenken lassen. Steel (2007, p. 66) definiert Prokrastination unter Zusammenfassung verschiedener in der Literatur vorliegender Definitionen:

> „Combining these elements suggests that to procrastinate is to voluntarily delay an intended course of action despite expecting to be worse off for the delay."

Damit betont er das freiwillige Aufschieben einer Handlung trotz des Wissens darüber, dass das Aufschieben negative Konsequenzen hat und man nachher noch schlechter dran ist als vorher. Es ergeben sich somit folgende Bestimmungsmerkmale, die aber nicht zwangsläufig immer zusammen auftreten müssen:

- Der Moment des tatsächlichen Lern- oder Aufgabenbeginns oder einer Entscheidung wird hinauszögert.
- Es ist eine Diskrepanz zwischen der eigenen (Lern-)Absicht und dem tatsächlichen Verhalten feststellbar (intention-action gap).
- Die aufgeschobene Tätigkeit wird als aversiv empfunden.
- Die Person geht lieber anderen, schneller zu beendenden und weniger angstbesetzten Tätigkeiten nach (vgl. Ferrari et al., 1995).

Tuckman (1991, p. 474) betont noch einen anderen Aspekt von Prokrastination, nämlich den der fehlenden Kontrolle im Sinne fehlender Selbstregulationsfähigkeit und definiert Prokrastination als „tendency to put off or completely avoid an activity under one's control".

Eine Aktivität, die eigentlich von der Person kontrolliert und somit prinzipiell bewältigt werden könnte, wird hinausgeschoben bzw. vollständig vermieden. Da Aufschieben nicht bedeutet, dass die Person untätig ist, sondern sich ersatzweise mit anderen Dingen beschäftigt als ursprünglich geplant, wird als Erklärungsansatz für Prokrastination auch von anderen Autoren auf unzureichende Selbstkontrolle verwiesen (Schouwenburg, 2004). Auch Helmke und Schrader (2000, S. 223) verstehen Prokrastination als eine Störung der „Selbstregulation im Verhalten – sowohl im motivationalen als auch im volitionalen Bereich". Solch ein volitionales Defizit liegt beispielsweise vor, wenn eine Person trotz eines festen Prüfungstermins und der Absicht, die Prüfung erfolgreich zu bestehen, nicht mit dem Lernen beginnt oder sich im Lernprozess ablenken lässt. Ebenso heben Rist, Engberding, Patzelt und Beißner (2006, S. 64) hervor, dass Prokrastination eine Störung der Selbststeuerung ist, an der affektive, kognitive und motivationale Faktoren beteiligt sind.

Fasst man die verschiedenen Aspekte von Prokrastination zusammen, wird deutlich, dass Prokrastination, wie es bereits Solomon und Rothblum (1984, p. 503) beschreiben, ein vielschichtiges, oftmals chronisches Verhalten mit behavioralen, affektiven und kognitiven Facetten ist.

Während die akademische Prokrastination recht gut erforscht ist, trifft dies auf die alltägliche Prokrastination weniger zu. Alltägliche Prokrastination wird definiert als:

> „the extent to which people perform routine tasks of living promptly or late"
> (Milgram, Sroloff & Rosenbaum, 1988, p. 198),
>
> „experienced difficulty in scheduling when to do many recurring life routines and in doing them on schedule"
> (vgl. Milgram, Mey-Tal & Levison, 1998, p. 297 f.).

Die Definition von alltäglicher Prokrastination ist beispielsweise eng angelehnt an die dazu teilweise ad hoc entwickelten Fragebögen: „Both the GP und the AIP scales were developed to assess the frequency with which people postpone everyday activities" (Ferrari, 1992, p. 100).

Besonders bei der alltäglichen Prokrastination, aber nicht nur bei dieser, zeigt sich, dass das Konstrukt „Prokrastination" sehr stark über die vorliegenden Messinstrumente und/oder über die Messverfahren definiert wird, weshalb es sinnvoll ist, sich diese bei der Bestimmung des Konstrukts näher anzuschauen (siehe dazu weitere Erläuterungen unter Kapitel 2 und die Fragebögen in der Anlage des Buches).

1.2. Aufschieben im Alltag, in der Schule, im Studium und Beruf

Prokrastination wird etwa seit den 1990er Jahren hinsichtlich der Ursachen, der Ausprägung, der Folgen und der Wirksamkeit potenzieller Interventionsverfahren systematisch empirisch untersucht. Vor allem die beiden Sammelbände von Ferrari et al. (1995) sowie Schouwenburg, Lay, Pychyl und Ferrari (2004) und das im Jahre 2000 von Ferrari und Pychyl herausgegebene Sonderheft der Zeitschrift „Journal of Social Behavior und Personality" mit dem Schwerpunktthema Prokrastination geben einen differenzierten Überblick über den Stand der wissenschaftlichen Diskussion.

Insbesondere die Auswirkungen von Prokrastination auf das Leistungsverhalten und die tatsächliche Leistung waren immer wieder Gegenstand empirischer Untersuchungen. Und obwohl die akademische Prokrastination in Lern- und Leistungssituationen im engen Zusammenhang mit verschiedenen motivationsrelevanten Variablen wie Selbstkonzept, Selbstwirksamkeit, Studieninteresse, Prüfungsangst etc. (Helmke & Schrader, 2000; Rustemeyer & Rausch, 2007; Steel, 2007, 2011) steht, ist der direkte Zusammenhang zwischen Prokrastination und Leistung nicht durchgängig belegt. Rothblum, Solomon und Murakami (1986) sowie Rustemeyer und Schirner (2009) fanden bei Studierenden einen signifikanten Zusammenhang zwischen Prokrastination und der Semesterleistung. Steel (2007) konnte in seiner Metaanalyse einen mäßig negativen Zusammenhang zeigen (vgl. auch Tice & Baumeister, 1997). Mit den Leistungen in bestimmten Fächern korreliert akademisches Aufschiebeverhalten zum Teil recht hoch (vgl. Schouwenburg, 2004; z. B. Englisch ($r = -.62$) und Mathematik ($r = -.61$); ebenso fanden Owens und Newbegin (2000) bei weiblichen und männlichen Studenten einen engen Zusammenhang zwischen Mathematik- und Englischnoten und akademischer Prokrastination. Auch Elvers, Polzella und Graetz (2003) fanden einen Zusammenhang zwischen Prokrastination und Leistung. Interessanterweise gab es in dieser Studie in Online-Kursen einen signifikanten Zusammenhang zwischen aufschiebendem Verhalten und Examensnoten und Einstellungen, nicht jedoch in traditionellen Seminaren. Die Ergebnisse des Strukturgleichungsmodells von Elvers, Polzella und Graetz (2003) zeigen, dass schlechte Noten (u. a. neben domänspezifischem Selbstwertgefühl) zu hoher Prokrastination führen. In anderen Studien hingegen gibt es keinen Zusammenhang zwischen Prokrastination und Leistung (Lay, 1986; Rustemeyer & Rausch, 2007).

Einige Untersuchungen weisen auf einen Zusammenhang zwischen Prokrastination und den durch Lehrende (u. a. Lehrer, Professoren) vermittelten Normen und Standards hin. So konnten Ackerman und Gross (2005, p. 9) Unterschiede zwischen Aufschiebern und Nichtaufschiebern belegen, die besagen, dass Nichtaufschieber stärker der (Klassen-)Norm zustimmen, frühzeitig mit Aufgaben zu beginnen. Weiter antizipieren Nichtaufschieber im Vergleich zu Aufschiebern eher Belohnungen und Anreize für frühzeitigen Arbeitsbeginn, und sie beurteilen die Aufgabenstellung als klar und eindeutig.

Prokrastination wird in einigen Studien auch in Zusammenhang gebracht mit Stresserleben und der allgemeinen Beeinträchtigung der psychischen Gesundheit (Tice & Baumeister, 1997; Wohl, Pychyl & Bennett, 2010). Stress und Krankheit werden in der Studie von Tice und Baumeister (1997, p. 455) als sogenannte Kosten des Aufschiebens bezeichnet, die aber eher langfristig wirksam werden, während kurzfristig oftmals vor allem der positive Effekt gesehen wird. Sie konnten dies bei prokrastinierenden Studierenden zeigen, die zu Beginn des Semesters über weniger Stress und weniger Krankheitsanzeichen berichteten als Nichtaufschieber. Am Ende des Semesters jedoch berichteten sie über höheren Stress und fühlten sich insgesamt kränker als Nichtaufschieber.

Die Auswirkung von Prokrastination im Beruf ist ebenfalls untersucht worden. So scheinen bestimmte Arbeitsplatzmerkmale das Aufschieben zu fördern und sich damit letztendlich negativ auf die individuelle und die betriebliche Produktivität auszuwirken. In der Studie von Lonergan und Maher (2000) wurden Beschäftigte im Gesundheitswesen befragt. Wenn sie angaben, dass sie nur bedingte Möglichkeiten hätten, selbstständig zu arbeiten, wenig Rückmeldung von ihren Vorgesetzten bekämen und eine fehlende Kontrolle über Arbeitsabläufe hätten, zeigten sich signifikante Zusammenhänge zum Aufschieben von Entscheidungen.

Der vermutete volkswirtschaftliche Verlust, der einer Gesellschaft durch das Aufschieben der Arbeitnehmer entsteht, hat u.a. Steel (2011) dazu angeregt, diesen zu berechnen. Als Berechnungsbasis legte er Daten einer Befragung der Unternehmen AOL und Salary.com zugrunde, bei der eine große Anzahl von Personen nach ihren Gewohnheiten am Arbeitsplatz befragt wurden (Malachowski, 2006). Die Arbeitnehmer gaben an, rund zwei Stunden pro Tag, ohne Einrechnung von Mittagspause und Zigarettenpausen, zu vertrödeln, und zwar bevorzugt am PC. Rechnet man die Kosten für die verlorene Arbeitszeit hoch, kommt Steel auf mehr als eine Billiarde Dollar Verlust pro Jahr (Steel, 2011, S. 140).

Wie (wenig) aussagekräftig solche Berechnungen auch immer sein mögen, es gilt doch zu bedenken, dass durch die umfassende und leichte Verfügbarkeit der Internetnutzung am Arbeitsplatz, den Zugang zu Computerspielen, sozialen Netzwerken etc. an fast allen Arbeitsplätzen eine hohe Verführbarkeit und Ablenkungsgefahr gegeben ist, die dazu führen kann, sich angenehmeren Dingen zu widmen als den anstehenden Aufgaben. Daraus jedoch den Schluss zu ziehen, dass „wir immer mehr und immer öfter aufschieben" (Steel, 2011, S. 94), oder noch allgemeiner von einer „aufschiebenden Gesellschaft" zu sprechen, entbehrt u.E. allerdings einer validen Grundlage.

1.3. Übersicht über verschiedene Arten des Aufschiebens: Eine Prokrastinations-Taxonomie

Um eine möglichst trennscharfe Unterscheidung der in der Forschung gebräuchlichen Prokrastinationsarten zu gewährleisten, wird in Tabelle 1 eine Taxonomie vorgestellt, in der die zentralen Unterscheidungsmerkmale berücksichtigt werden. In einem weiteren Zuordnungsschritt werden in Tabelle 2 die verwendeten Messinstrumente den entsprechenden Prokrastinationsarten zugeordnet, und die Fragebögen werden, soweit sie in der Literatur verfügbar sind, im Anhang aufgelistet.

Eine Zuordnung der Messinstrumente zu den Prokrastinationsarten ist allerdings nicht in jedem Fall eindeutig möglich. An entsprechenden Stellen wird darauf im Text hingewiesen. Mit der vorliegenden Klassifizierung soll eine möglichst hohe konzeptuelle Klarheit hinsichtlich des Konstrukts „Prokrastination“ und der entsprechenden Messverfahren erzielt und damit auch dem Leser eine bessere Orientierung ermöglicht werden.

Alltägliche und akademische Prokrastination

Eine grundlegende, theoretisch unstrittige Unterscheidung ist die zwischen alltäglicher Prokrastination, die sich auf Entscheidungen und Verhaltensweisen im Alltag richtet, und akademischer Prokrastination, die vorrangig im Aufschieben von schulischen bzw. studiumsbezogenen Aufgaben und Tätigkeiten besteht. Die meisten empirischen Arbeiten wurden im universitären Kontext durchgeführt, nicht zuletzt aufgrund forschungsökonomischer Erwägungen. Messinstrumente zur akademischen Prokrastination, die vor allem für Studierende und für studentische Stichproben entwickelt wurden, sind für die Erforschung alltäglichen Aufschiebeverhaltens jedoch weitgehend irrelevant oder ungeeignet (Ferrari et al., 1995, p. 56).

Diese Einschränkung gilt teilweise auch für das Verzögerungsverhalten von Kindern und Jugendlichen. Studien mit jugendlichen Teilnehmern beziehen sich auf schulische Aufgaben und Tätigkeiten; für diese Studien können zwar Messinstrumente zur akademischen Prokrastination für den Kontext „Schule“ angepasst werden, bislang liegen jedoch nur wenige empirische Studien mit Kindern und Jugendlichen vor. Betrachtet man den Fragebogen zur Anstrengungsvermeidung von Rollett und Bartram (1977) als ein äquivalentes Instrument zur Messung schulischer Prokrastination, liegen zumindest im deutschsprachigen Raum Ergebnisse für Schülerinnen und Schüler vor.

Ein weiterer Forschungszweig, der in jüngster Zeit immer stärkere Beachtung findet, ist die Erforschung der Auswirkungen von Prokrastination im Beruf (z.B. Claessens, van Eerde, Rutte & Roe, 2009). Steel (2011) stellt in seinem Buch Berechnungen zur Höhe des wirtschaftlichen Schadens vor, der durch das Aufschieben am Arbeitsplatz entsteht.

Prokrastination als Eigenschaft der Person und als situationsspezifischer Zustand

Prokrastination wird entweder als eine habituelle, situationsunspezifische Persönlichkeitseigenschaft oder als ein konkretes, situationsspezifisches Verhalten der Person konzipiert, ähnlich wie es in der Forschung beim Konstrukt „Angst" geschieht. So wird unterschieden zwischen ängstlichen Personen (Angst als Trait-Merkmal) und Ängsten, die bei Personen nur situationsbedingt auftreten, wie etwa in mündlichen oder schriftlichen Prüfungen (Angst als State-Merkmal). Eine vergleichbare Unterscheidung kann auch für Prokrastination vorgenommen werden.

Prokrastination als Persönlichkeitsmerkmal (trait)
Die Trait-Prokrastination tritt unabhängig von der Aufgabenstellung und der vorliegenden Situation auf bzw. sollte dies nach der vorliegenden Konzeption tun. Für die Forschung sind insbesondere die entsprechenden Persönlichkeitsmerkmale interessant, die diese Art der Prokrastination begleiten und fördern. Laut Schouwenburg (1995) ist Prokrastination eine Persönlichkeitseigenschaft, die eng mit anderen Persönlichkeitsmerkmalen (in Anlehnung an das Big-Five-Modell, s. Kapitel 6.2) verbunden ist, sodass ein nomologisches Netzwerk dieser Persönlichkeitseigenschaft erstellt werden kann. Die dazugehörigen Merkmale sind u.a.: unzureichende Leistungsmotivation und Arbeitsdisziplin, mangelnde Selbstkontrolle und mangelndes Pflichtbewusstsein, die den Big-Five-Faktoren „Extraversion" und „Gewissenhaftigkeit" entsprechen (vgl. Patzel, 2004, S. 14).

Obwohl die Trait-State-Differenzierung auch für die alltägliche Prokrastination sinnvoll erscheint, wenn etwa berücksichtigt wird, dass Personen nur bestimmte alltägliche Aufgaben aufschieben, wie etwa die jährliche Steuererklärung, während sie andere alltägliche Aufgaben sehr wohl zügig bearbeiten, konzentrieren sich die meisten Autoren auf die habituelle Alltagsprokrastination. Eine besondere Form dieser habituellen Alltagsprokrastination ist die sogenannte neurotische Prokrastination, die schon von Ellis und Knaus (1975) beschrieben wurde und dadurch gekennzeichnet ist, dass

Personen dazu neigen, wichtige Lebensentscheidungen im Berufsleben, in der Familie oder in Beziehungen immer wieder hinauszuzögern. So gehen Ellis und Knaus (1975) davon aus, dass bestimmte Persönlichkeitsmerkmale wie etwa eine geringe Frustrationstoleranz gegenüber unangenehmen Aufgaben oder eine passiv-aggressive Orientierung gegenüber bestimmten Lebenssituationen dafür verantwortlich sind (Milgram et al., 1988).

Prokrastination als situationsspezifisches Merkmal (state)
In diesem Fall wird Prokrastination nicht als Persönlichkeitsmerkmal gesehen, sondern sie tritt vorübergehend, kurzfristig und bei bestimmten Aufgaben oder in bestimmten Situationen auf. Insbesondere Interventionsansätze gehen direkt oder indirekt davon aus, dass Aufschiebeverhalten zwar ein relativ stabiles Verhaltensmuster sein kann, aber dennoch dauerhaft veränderbar ist (vgl. Schubert-Walker, 2004; Tuckman & Schouwenburg, 2004; van Essen, van den Heuvel & Ossebaard, 2004; van Horebeek, Michielsen, Neyskens & Depreeuw, 2004). Situationsgebundene Prokrastination ist intensiv bei akademischer Prokrastination untersucht worden und steht hier in enger Wechselwirkung mit bestimmten Aufgabenmerkmalen, wie fehlende Attraktivität einer Aufgabe oder Aversivität gegenüber einer Tätigkeit, die Personen dazu verleiten, sich von bestimmten Aufgaben oder Tätigkeiten abzuwenden und keine Lernanstrengungen zu investieren.

Prokrastination als Prozess
In einer weiteren Sichtweise wird Prokrastination ebenfalls nicht als Persönlichkeitsmerkmal, sondern als dynamischer Prozess begriffen. Das bedeutet, Prokrastination wird nicht mehr punktuell betrachtet, sondern Entstehungsbedingungen, Zusammenhänge mit anderen Merkmalen, Auftretensweisen und Auswirkungen werden innerhalb eines bestimmten zeitlichen Rahmens, in dem verschiedene Phasen durchlaufen werden, betrachtet und untersucht.

Bei diesem Prozess kommt es oftmals gar nicht zu einer Handlungsintention, oder die Bildung einer Intention wird verzögert (van Eerde, 2000). Für den Prokrastinationsprozess wird dann in der Literatur häufig der Begriff „Selbst- oder Handlungsregulations-Defizit" verwendet (vgl. Schulz, 2007, S. 6).

In der motivations-volutionspsychologischen Sicht, wie sie beim Rubikonmodell von Heckhausen vorliegt (s. hierzu Kapitel 6.3.) und wie sie von Helmke und Schrader (2000) vertreten wird, wird besonders der Prozesscharakter von Prokrastination betont.

Konzeptionelle Unterscheidungen zwischen Trait- und State-Merkmalen sowie der prozesshaften Betrachtung basieren auf unterschiedlichen psychologischen Paradigmen der Verhaltenserklärung. Trait-Merkmale entsprechen dem eigenschaftstheoretischen Ansatz, während State-Merkmale dem situationistischen bzw. interaktionistischen Paradigma zuzuordnen sind (Rustemeyer, 2003, S. 3ff.). Die einzelnen Paradigmen basieren auf unterschiedlichen Annahmen, die in der sogenannten „Dispositionismus-Situationismus-Kontroverse" heftig diskutiert wurden. Dabei zeigt sich aber auch, dass Eigenschafts- und situationsbedingte Merkmale keineswegs eindeutig bestimmt werden können (vgl. dazu ausführlicher Rustemeyer, 2003). Auch in der Prokrastinationsforschung zeigt sich die Schwierigkeit einer trennscharfen empirischen Abgrenzung zwischen den beiden Formen der Prokrastination, obwohl theoretisch konzipierte Fragebögen zu beiden Prokrastinationsformen existieren (s. ausführlich in Kapitel 2). In vielen Studien ist ein relativ hoher positiver Zusammenhang zwischen Trait- und State-Prokrastination zu finden (u. a. Helmke & Schrader, 2000; Rustemeyer & Rausch, 2007), der verschiedene Interpretationsmöglichkeiten eröffnet, die von der unzureichenden theoretisch-empirischen Abgrenzung der verschiedenen Prokrastinationsformen bis hin zur Interaktion dispositioneller und situativer Bedingungen reichen.

Die verschiedenen Auffassungen von Prokrastination als Trait, State oder als Prozess stellen zunächst einfach unterschiedliche Betrachtungsmöglichkeiten dar, die jedoch unterschiedliche Messinstrumente und methodische Verfahren erfordern. Die Überlegung, Prokrastination als ein zeitlich ausgedehntes, länger andauerndes, prozesshaftes und dynamisches Geschehen zu konzipieren, ist dem Paradigma des Interaktionismus zuzuordnen.

Die Differenzierung zwischen den verschiedenen Sichtweisen wird noch einmal im Kapitel 6 aufgegriffen, wenn es um die verschiedenen theoretischen Ansätze zu Beschreibung und Erklärung von aufschiebendem Verhalten geht.

Erregungs-, Vermeidungs- und Entscheidungsprokrastination

Personen weisen in Befragungen immer wieder darauf hin, dass Aufschieben für sie auch eine positive Komponente haben kann. Mit Verweis auf subjektives Erleben und aufgrund empirischer Befunde spricht einiges dafür, Prokrastination in zwei Typen zu unterteilen, wobei der erste eben positive Effekte zeigt. So differenziert Ferrari (1992) zwischen einem „arousal procrastinator“ und einem „avoidence procrastinator“ (vgl. auch Ferrari, O’Callaghan & Newbegin, 2005). In den späten 1990er Jahren wurde auf der Grundlage vieler Studien, die vor allem von Ferrari und Mitarbeitern durchgeführt wurden, das sogenannte dreiteilige Ferrari-Modell entwickelt, das als dritte Form die Entscheidungsprokrastination („decision procrastination“) umfasst und auf den Studien von Mann (1982, vgl. dazu auch Mann, Burnett, Radford & Ford, 1997) basiert. Der „arousal procrastinator“ ist dadurch gekennzeichnet, dass er den Erregungsschub, der durch das Aufschieben und den sich aufbauenden Zeitdruck entsteht, braucht, während der „avoidence procrastinator“ aus Angst vor Misserfolg oder um das eigene Selbstwertgefühl zu schützen das Herangehen an Aufgaben und Tätigkeiten verschiebt. Entscheidungsprokrastination dagegen meint ein Verschleppen und Verzögern wichtiger Entscheidungen, bis hin zu grundlegenden Lebensentscheidungen (Steel, 2010, p. 4).

Eine ähnliche Unterteilung wie bei Ferrari (1992) finden wir auch bei Chu und Choi (2005); sie unterscheiden zwischen einer positiven (active procrastinators) und einer negativen (passive procrastinators) Art des Aufschiebens. Personen, die das Arbeiten unter Druck bewusst bevorzugen, also die aktiven Aufschieber (active procrastinators), sind in der empirischen Studie von Chu und Choi (2005) am ehesten mit Nichtaufschiebern hinsichtlich bestimmter Merkmale und Eigenschaften (bei untersuchten Variablen wie Selbstwirksamkeit, Zeitkontrolle, Copingstrategien, erzielten Ergebnissen etc.) vergleichbar, während die passiven Aufschieber (passive procrastinators) dem klassischen Bild der Prokrastination mit den einhergehenden dysfunktionalen Verhaltensweisen entsprechen. Tatsächlich schieben aktive positive Prokrastinatoren genauso stark auf wie passive Prokrastinatoren, sie können sich aber, so die Annahme von Chu und Choi (2005, p. 260f.), flexibler auf neue, unerwartete Anforderungen der Umgebung einstellen, spontaner handeln, und sie können, falls erforderlich, Prioritäten hinsichtlich der Aufgabenbearbeitung schneller ändern. Insgesamt ist jedoch der Typ der positiven Prokrastination bislang wenig untersucht worden.

Durch die Untersuchung von Steel (2010) wird jedoch die Differenzierung des Ferrari-Modells der habituellen Prokrastination in drei Typen wieder in Frage gestellt (siehe ausführlicher in Kapitel 2.1.).

Weitere Differenzierungsversuche wurden u.a. von Iskender (2011) vorgeschlagen; er unterscheidet in Anlehnung an Milgram et al. (1998) fünf Arten von Prokrastination: (A) akademische Prokrastination, (B) allgemeine bzw. alltägliche Prokrastination, (C) Entscheidungsprokrastination, (D) neurotische Prokrastination (bezieht sich auf grundlegende Lebensentscheidungen) und (E) dysfunktionale Prokrastination (Letztere verbindet Entscheidungs- und Verhaltensprokrastination in einer Person).

Ausgehend von der grundlegenden Differenzierung in alltägliche und akademische Prokrastination kommen ergänzend zum Ferrari-Modell (das nur alltägliche Prokrastination berücksichtigt) die neurotische und dysfunktionale Prokrastination hinzu. Diese beiden Prokrastinationsformen wie auch die sogenannte „funktionale Prokrastination" (Ferrari, 1994) sind als Sonderfälle zu betrachten:

a) Die *neurotische Prokrastination* ist eng an das therapeutische Konzept der Rational-Emotiven Therapie (RET) von Ellis und Knaus (1977) gebunden und sehr allgemein formuliert, sodass eine Einordnung in die folgende differenzierte Taxonomie nicht möglich ist.
b) Die *dysfunktionale Prokrastination* ist lediglich eine Kombinationsform von Entscheidungs- und Verhaltensprokrastination (s. o.).
c) *Funktionale Prokrastination* wird in der Literatur relativ unspezifisch in Abgrenzung zur dysfunktionalen Prokrastination bestimmt (Ferrari, 1994, p. 673). So sei Aufschieben dann funktional, wenn die Verzögerung dazu dient, weitere wichtige Informationen einzuholen, um den Aufgabenerfolg zu maximieren. Da aber in der Regel erst post hoc anhand des Resultats entschieden werden kann, ob das Aufschieben funktional oder dysfunktional war, bleibt bei dieser Beschreibung unklar, ob hier (nur) die Einschätzung des Aufschiebenden relevant ist oder das erzielte Resultat. Hinzu kommt, dass Personen möglicherweise zum Schutz des eigenen Selbstwertes behaupten, aus funktionalen Überlegungen heraus aufzuschieben.

Auch wäre zu prüfen, ob nicht die aktive Prokrastination (vgl. Chu & Choi, 2005) als eine Ausprägung der funktionalen Prokrastination angesehen werden kann, wenn „funktional" im Sinne der zeitökonomischen, zügigen und erfolgreichen Erledigung von Arbeiten interpretiert wird.

Schließlich verweisen verschiedene Autoren wie van Eerde (2003a), van Hooft, Born, Taris, Flier und Blonk (2004, p. 242) darauf, dass von Prokrastination nur dann gesprochen werden sollte, wenn es sich um ein von der Person nicht intendiertes Aufschieben handelt; ein *geplantes* Aufschieben dagegen sollte nicht als Prokrastination bezeichnet werden. Schließt man sich dieser Sichtweise an, wäre der Begriff funktionale Prokrastination generell abzulehnen.

Tab. 1: Taxonomie der verschiedenen Prokrastinationsarten

		Alltags prokrastination		Akademische Prokrastination	
		Trait	State	Trait	State
Verhaltens-prokrastination	Erregungs-prokrastination				
	Vermeidungs-prokrastination				
Entscheidungsprokrastination					
Intentions- und Verhaltens-diskrepanz					

Prokrastination als Intentions- und Verhaltensdiskrepanz

Die meisten Autoren stimmen darin überein, dass die Diskrepanz zwischen der Intention einer Person und ihrem tatsächlichen Verhalten (intention-action gap) ein bestimmendes Merkmal von Prokrastination ist (Blunt & Pychyl, 1998; Dewitte & Lens, 2000; Dewitte & Schouwenburg, 2002; Lay, 1995; Steel, 2007; van Hooft et al., 2005).

Blunt und Pychyl (1998, p. 837) beschreiben in Anlehnung an Sabini und Silver (1982) die Intentions-Verhaltens-Diskrepanz folgendermaßen:

> „someone who knows what he or she wants, in some sense can do it, is trying to do it, yet doesn't do it."

Die Kluft zwischen den eigenen Intentionen und dem tatsächlich ausgeführten Verhalten kann bei unterschiedlichen Prokrastinationsarten auftreten. Da es der Person nicht gelingt, ihre Intentionen mit ihrem Verhalten in Übereinstimmung zu bringen, kann dieser Mangel als eine typische Form geringer Selbstkontrolle bezeichnet werden (vgl. Steel, 2007). Einen Erklärungsansatz bietet die Theorie der Handlungskontrolle von Kuhl (1983), die im Kapitel 6.3. weiter ausgeführt wird.

1.4. *Zusammenfassung*

Prokrastination oder Aufschiebeverhalten ist ein bekanntes Alltagsphänomen, von dem viele betroffen sind bzw. angeben, dass sie damit Schwierigkeiten haben. Zunächst wurde Prokrastination in den USA beschrieben und erforscht, und das starke Interesse an diesem selbstschädigenden Verhalten fand seinen Niederschlag in Ratgebern und Selbsthilfebüchern. Bislang liegen weder eine einheitliche Definition noch eine überzeugende Theorie vor, die in der Lage wären, die vielen einzelnen relativ atheoretischen empirischen Befunde und Erklärungsansätze zur Prokrastination zu bündeln. Auch in wissenschaftlichen Publikationen ist teilweise eine Vermischung von alltagspsychologischem und wissenschaftlichem Begriffsverständnis zu finden. Als Folge davon können die verwendeten Definitionen deutlich voneinander abweichen und unterschiedliche Akzente setzen.

Prokrastination ist ein mehr oder weniger stark ausgeprägtes selbstschädigendes Verhalten, und es wird unterschieden zwischen Aufschieben in alltäglichen Situationen und Aufschieben im akademischen Kontext (Schule, Universität, Ausbildung), also in Lern- und Leistungskontexten, sowie Aufschiebeverhalten in der beruflichen Tätigkeit. Weiter kann Prokrastination als situationsunspezifische Persönlichkeitseigenschaft oder als ein situationsbedingtes Verhalten der Person gesehen werden. Das sogenannte Ferrari-Modell differenziert zwischen Erregungs-, Vermeidungs- und Entscheidungsprokrastination, während andere Autoren eine Intentions- und Verhaltens-Diskrepanz als grundlegend annehmen. Hier wird das Phänomen „Prokrastination" als eine besondere Form fehlender Selbstregulation angesehen. Funktionale Prokrastination wird lediglich in Abgrenzung zur dysfunktionalen Prokrastination gesehen und ist nicht systematisch erforscht worden.

2. *Instrumente und Methoden zur Erfassung von Prokrastination*

Prokrastination ist ein theoretisches Konstrukt, das zum Zweck der Theoriebildung und empirischen Erforschung auf geeignete Art und Weise operationalisiert und gemessen werden muss. Dabei wirken sich Unterschiede in der Begriffsbildung und den zugrunde liegenden, teilweise laien- oder alltagspsychologischen Erklärungsansätzen auf die Operationalisierung und die Wahl der verwendeten Forschungsinstrumente aus. Dieser Aspekt wird noch einmal ausführlicher unter Kapitel 6 (Theoretische Ansätze zur Erklärung des Aufschiebeverhaltens) dargelegt.

Wie bei vielen psychologischen Konstrukten besteht auch bei Prokrastination eine oft genutzte Möglichkeit der Messung darin, Personen zu befragen. Zu diesem Zweck sind inzwischen eine Reihe von Fragebögen konstruiert worden, in denen Personen ihre Neigung zum Aufschieben einschätzen. Studien zeigen, dass eine wichtige Ursache für divergierende Ergebnisse darin liegen kann, mit welcher Methode Prokrastination erfasst wird: ob als Selbstbericht oder als beobachtbares Verhalten (vgl. Steel, Brothen & Wambach, 2001, p. 101).

Prokrastination kann auch experimentell untersucht werden, indem ein bestimmtes Verhalten der Probanden als Aufschiebeverhalten definiert wird. So wird beispielsweise im Experiment von Sigall, Kruglanki und Fyock (2000) die Zeitverzögerung der Probanden, bevor sie mit einer Aufgabe beginnen, als Aufschiebeverhalten festgelegt.

Da sich die Wahl des methodischen Zugangs auf die Ergebnisse auswirken kann, ist es für die theoretische Analyse wichtig, die Erfassungsmethode zu berücksichtigen und methodisch vergleichbare Studien in statistische Analysen einzubeziehen. Besonders Metaanalysen (u.a. van Eerde [2003a] und Steel [2007, 2010]), die eine Vielzahl von Einzelstudien und unterschiedliche methodische Zugänge berücksichtigen, sind unter dem Aspekt der Prüfung bestimmter inhaltlicher Fragestellungen sinnvoll und aussagekräftig. Metaanalysen verwenden zur Strukturierung und Interpretation der Daten einen bestimmten methodisch-theoretischen Zugang, der bei den Autoren unterschiedlich sein kann (vgl. etwa Steel, 2007, der das Modell der Nützlichkeitserwägung konzipiert). Die Entscheidung eines Autors darüber, ob neben quantitativen auch qualitative Studien einbezogen werden, kann sich signifikant auf die Ergebnisse auswirken.

Bedeutung von Metaanalysen
Metaanalysen stellen – neben den früher gebräuchlichen längeren systematischen Übersichtsartikeln – ein statistisch-methodisches Verfahren dar, um die Ergebnisse vieler Einzelstudien zusammenzufassen. Nachteile von Übersichtsartikeln sollen mit Metaanalysen verringert werden: die teilweise subjektive Auswahl und methodische Bewertung der Studien, die überwiegend rein qualitative Integration der Arbeiten und die subjektiven, oftmals nur schwer kritisierbaren, allgemeinen Schlussfolgerungen. In der Metaanalyse können sowohl qualitative als auch quantitative Verfahren genutzt werden, und es wird versucht, einen integrativen Überblick über ein bestimmtes Gebiet bzw. eine bestimmte Fragestellung zu liefern und zugleich die Aussagekraft der Ergebnisse in einem Gebiet zu erhöhen. Während zunächst überwiegend die Vorteile von Metaanalysen hervorgehoben wurden, wurden später auch eine Reihe von Nachteilen dieses statischen Verfahrens bekannt, die heute in der Fachliteratur diskutiert werden. Ein zentraler Kritikpunkt ist die Nichtbeachtung der methodischen Qualität der in die Metaanalyse eingehenden Untersuchungen, was dazu führt, dass „Äpfel und Birnen miteinander verglichen werden". Das sogenannte „Äpfel-und-Birnen-Argument" bezieht sich darauf, dass häufig die Homogenität der Untersuchungen „in bezug auf die unabhängige und in bezug auf die abhängige Variable" nicht genügend berücksichtigt wird (Bortz & Döring, 1995, S. 591).

2.1. Selbsteinschätzung anhand von Fragebögen

Der weitaus größte Teil der Prokrastinationsforschung richtet sich auf den akademischen Bereich. Messinstrumente zum akademischen Aufschiebeverhalten sind fast ausschließlich für Studierende und für studentische Stichproben entwickelt worden (vgl. Ferrari et al., 1995, p. 56). Hierbei handelt es sich in der Regel um Fragebögen, in denen die Prokrastinationseinschätzung von den betroffenen Personen in Form einer Selbstbeurteilung vorgenommen wird.

Die sogenannte Alltagsprokrastination richtet sich (wie oben ausgeführt) auf das Aufschieben und Zögern bei alltäglichen Aufgaben und Entscheidungen. Da bei akademischer Prokrastination anderes Verhalten angesprochen wird als bei alltäglicher Prokrastination, wurden laut Ferrari et al.

(1995, p. 36) entsprechende Messinstrumente zur Erfassung alltäglicher Prokrastination konzipiert, damit eine klare Abgrenzung zur akademischen Prokrastination hergestellt werden konnte.

Zurzeit sind vier bzw. fünf Fragebögen gebräuchlich, mit denen alltägliche Prokrastination erfasst wird (s. Übersicht der Messinstrumente). Einen Überblick und Vergleich der statistischen Kennwerte zur Reliabilität und Validität geben Ferrari et al. (1995) in ihrem Buch. Nach ihrer Einschätzung lässt sich hinsichtlich der Häufigkeit ihrer Verwendung folgende Rangreihe der Fragebögen aufstellen: GP bzw. GPS, AIP, DP und am wenigsten gebräuchlich ist der TAP (Ferrari et al., 1995, p. 69).

Messinstrumente für alltägliches Aufschieben

- *General Procrastination Scale (GP oder GPS)* von Lay (1986). Der Fragebogen erfasst mit 20 Items konkrete Verhaltensweisen bei verschiedenen alltäglichen Aufgaben und Überzeugungen zu alltäglichen Situationen (z.B.: „A letter may sit for days after I write it before I mail it."), (vgl. Ferrari et al., 1995, p. 57). Eine deutschprachige Kurzskala (student version: somit auch geeignet zur Erfassung akademischer Prokrastination) wurde von Klingsieck & Fries (2012) vorgelegt. *Anhang A 01 und A 02*
- *Adult Inventory of Procrastination (AIP)* von McCown und Johnson (1989, zitiert nach Ferrari et al., 1995, p. 64). Anhand von 15 Items werden konkrete Verhaltensweisen, aber auch Meinungen und Überzeugungen zu alltäglichen Situationen erfragt (z.B.: „My friends and family think I wait until last minute"). Díaz-Morales, Ferrari, Díaz & Argumendo (2006) führten eine Faktorenanalyse durch und konnten zwei Faktoren nachweisen: fehlende Pünktlichkeit und fehlende Planung. *Anhang A 03*
- *Decisional Procrastination Scale (DP)* von Mann (1982; zitiert nach Ferrari et al., 1995, p. 62), siehe Fragebogen leicht geändert in Mann, Burnett, Radford & Ford (1997, p. 12). Der Fragebogen erfasst mit fünf Items Verhaltensweisen in wichtigen Entscheidungssituationen (z.B.: „I delay making decisions until it is too late"). *Anhang A 04 und A 05*
- *Tel-Aviv Procrastination Inventory (TAP)* von Sroloff (1983; zitiert nach Ferrari et al., 1995, p. 66ff.) enthält 54 Items, die sich auf die Einhaltung des Zeitrahmens und die einfache Planung und Terminierung bei bestimmten Aufgaben konzentrieren. 38 Items erfassen Prokrastination im Alltag (Rechnungen bezahlen, Zahnarztbesuch, Besuch im Krankenhaus etc.). 16 der 38 Items richten sich auf Arbeitssituationen und Aufgaben im akademischen Bereich (vgl. Milgram et al., 1988, p. 202). Die Auto-

ren verweisen jedoch darauf, dass diese Items nicht konzipiert wurden, um damit akademische Prokrastination zu messen. Da der Originalfragebogen (Sroloff, 1983) nicht zugänglich ist, orientiert sich die taxonomische Zuordnung des Fragebogens in diesem Buch (s. Tabelle 2) an den Angaben in der Literatur (Milgram et al., 1988; Ferrari et al., 1995).

– *Active procrastination* von Chu und Choi (2005). Die Autoren unterscheiden zwischen einer positiven Prokrastinationsform (active procrastinators) und einer negativen (passive procrastinators). Zur Messung der aktiven Prokrastination konzipieren Chu und Choi (2005, p. 252) eine Skala, die explizit das positive Umgehen mit Zeitdruck erfasst (z.B.: „I tend to work better under pressure" oder „I feel that putting work off until the last minute does not do me any good" [reverse coded]). Diese Skala kann auch der akademischen Prokrastination zugeordnet werden (s. Tab. 2).

Die im Ferrari-Modell (vgl. Steel, 2010) erstmals vorgenommene Dreiteilung in Erregungs-, Vermeidungs- und Entscheidungsprokrastination wurde mit dem Fragebogen von Lay (1986; GP oder GPS, General Procrastination Scale) und dem AIP (Adult Inventory of Procrastination) von McCown und Johnson (1989) untersucht. Ferrari kam aufgrund der extrem niedrigen Korrelationen zwischen beiden Fragebögen zu dem Schluss, dass damit unterschiedliche Formen des Aufschiebens gemessen werden (Ferrari, 1992, p. 102). Ferrari vermutete, dass mit dem GP vor allem Erregungsprokrastination erfasst wird, während der AIP Vermeidungsprokrastination misst, da hier das Aufschieben vor allem dazu dient, das Selbstwertgefühl zu schützen, oder aus Angst vor Misserfolg stattfindet. Zu dieser Schlussfolgerung kommt Ferrari (1992) aufgrund der Ergebnisse der durchgeführten Faktorenanalysen. Die Skalen zum Selbstwertgefühl und zur Vermeidung von Informationen eigener Fähigkeiten luden auf demselben Faktor wie der AIP. Die später von Ferrari und Mitarbeitern einbezogene dritte Prokrastinationsart, die Entscheidungsprokrastination, wurde mit dem DP (Decisional Procrastination Questionnaire) von Mann (1982) gemessen. Während sich die beiden Fragebögen GP und AIP laut Steel (2010, p. 4) auf das Verhalten richten, erfasst der DP das Aufschieben von Entscheidungen.

Steel (2010) versuchte, anhand einer Stichprobe von ca. 4000 Personen, die an verschiedenen Studien teilgenommen hatten, die Differenzierung in drei Formen Erregungs- (arousal), Vermeidungs- (avoidant) und Entscheidungsprokrastination (decisional) zu belegen. Er überprüfte die Hypothese, indem er zunächst eine Metaanalyse und anschließend eine Faktorenanalyse durchführte. Die Metaanalyse umfasste 156 Studien, in denen folgende Prokrastinationsfragebögen verwendet worden waren (siehe Steel, 2010): AIP (mit 15 Items; vgl. McCown & Johnson, 1989), GP (20 Items; vgl. Lay, 1986), DP (5 Items; vgl. Mann, 1982), PASS (12 Items; vgl. Solomon & Rothblum, 1984) und TPS (16 Items; vgl. Tuckman, 1991). Die Fragebögen erfassen sowohl akademische als auch alltägliche Prokrastination und Entscheidungsprokrastination. Die Interkorrelationen der fünf Fragebögen sind unterschiedlich hoch, wie schon in früheren Studien für einige Fragebögen (z.B. Ferrari, 1992) nachgewiesen werden konnte. Auch Steel (2010) geht davon aus, dass die geringen Korrelationen der beiden Skalen AIP (Adult Inventory of Procrastination) und GP (General Procrastination Scale) die Schlussfolgerung nahelegen, dass beide Skalen unterschiedliche Formen der Prokrastination messen. Während der AIP eher die Vermeidungsprokrastination erfasst, indem Furcht vor Misserfolg thematisiert wird, richtet sich der GP eher auf den Wunsch nach Erregung. Für die dritte Art der Prokrastination, die mit dem DP erfasst wird und bei der die (fehlende) Entscheidungsfähigkeit der Person im Vordergrund steht, zweifeln bestimmte Autoren an, ob es sich bei diesem dem Fragebogen zugrunde liegenden Konstrukt tatsächlich um Prokrastination handelt oder ob die Verzögerung von Entscheidungen eher dem Selbstwertschutz der Person dient (vgl. Anderson, 2003).

Die Ergebnisse zeigen laut Steel (2010), dass noch am ehesten die Unterscheidung zwischen Vermeidungs- und Erregungsprokrastination nachweisbar, jedoch die Differenzierung in drei Prokrastinationsarten nicht haltbar sei. Aber auch die Unterteilung in eine negative (avoidant) und positive (arousal) Prokrastination ist nach Steel (2010) letztendlich fraglich, da es sich beim Aufschiebeverhalten um eine irrationale Verzögerung handelt.

In seinen jüngsten Publikationen vertritt Steel (2011) mit Verweis auf neurobiologische und evolutionsbiologische Forschungen sogar die These, dass Prokrastination im Erbgut des Menschen angelegt sei:

> „Die wahren Ursachen des Aufschiebens sind zum Teil genetischer Natur und in unserem Gehirn angelegt, weshalb das Phänomen in sämtlichen Kulturen und Epochen bekannt war. Doch auch die Umwelt spielt eine Rolle: Sie ist zwar nicht dafür verantwortlich, dass wir aufschieben, sehr wohl aber dafür, wie gern und wie häufig." (Steel, 2011, S. 12)

Konsequenterweise schlägt der Autor deshalb eine neu konzipierte Einheitsskala vor, die sich aus faktorenanalytisch überprüften Items der einzelnen Skalen zusammensetzt. Die angeführten empirischen Studien liefern jedoch nur einen indirekten Beleg für die These von Steel. Die Ausführungen des Autors zeigen aber auch, dass eine völlig andere Sichtweise des Phänomens „Prokrastination" als die bislang vertretene denkbar und möglich ist.

Da akademische Prokrastination rein quantitativ intensiver erforscht worden ist als alltägliche Prokrastination, existieren eine Reihe von Messinstrumenten. Die nachfolgend aufgeführten sechs Fragebögen sind recht gebräuchlich, wobei die meisten Skalen Prokrastination als überdauerndes Persönlichkeitsmerkmal (trait) erfassen. Der APSI von Schouwenburg (1995) erfasst explizit Prokrastination (state), indem schon in der Fragebogeninstruktion der Zeitraum, für den die Items zu beantworten sind, „auf die letzte Woche" begrenzt wird. Einige Messinstrumente nehmen keine explizite Differenzierung vor.

Messinstrumente für akademisches Aufschieben

- *Aitken Procrastination Inventory (API)* von Aitken (1982, zit. nach Ferrari et al., 1995; dt. Fassung Helmke & Schrader, 2000, s.a. Rustemeyer & Rausch, 2007). 19 Items erfassen Prokrastination (trait) als Persönlichkeitsmerkmal. Erfasst wird die allgemeine Tendenz einer Person, in typischer Art und Weise auf unterschiedliche Situationen im akademischen Kontext zu reagieren. *Anhang A 06*
- *Procrastination Scale (TPS)* von Tuckman (1991); deutsche Fassung Stöber (1995). Mit 16 Items wird akademische Prokrastination (trait) im Sinne einer Gewohnheit erfasst. *Anhang A 07 und A 08*
- *Study Problems Questionnaire (SPQ)* von Hermans (1977; zitiert nach Schouwenburg, 1995, p. 89). Der Fragebogen erfasst mit 20 Items motivationsbezogene Studienprobleme (procrastination trait). *Anhang A 09*
- *Academic Procrastination State Inventory (APSI)* von Schouwenburg (1995), deutsche Übersetzung nach Helmke & Schrader (2000). Der Fragebogen enthält 23 Items, mit denen Prokrastination (state) als situationsspezifisches Merkmal erfasst wird. *Anhang A 10*
- *Procrastination Checklist Study Tasks (PCS)* (vgl. Schouwenburg, 1995, p. 86). Der Fragebogen erfasst die Intentions-Verhaltens-Diskrepanz bezogen auf drei Bereiche (Vorbereitung auf das Semester/Studienjahr, Beteiligung an Seminaren und Prüfungsvorbereitung). Nach Schouwenburg (1995, p. 90, Tab. 4.7) liegt hier (zumindest für zwei Bereiche) Trait-Prokrastination vor. *Anhang A 11*
- *Procrastination Assessment Scale – Students (PASS)* von Solomon und Rothblum (1984). Der Fragebogen erfasst akademische Prokrastination

hinsichtlich kognitiver und verhaltensmäßiger Komponenten (vgl. Ferrari et al., 1995, p. 48).

Zur Messung von Aufschiebeverhalten als habituellem Persönlichkeitsmerkmal (trait) wird häufig das Aitken Procrastination Inventory (API) von Aitken (1982, zit. nach Ferrari et al., 1995, p. 53) verwendet. Der Fragebogen thematisiert Verhaltensgewohnheiten in unterschiedlichen Lern- und Leistungssituationen. Ergebnisse von Faktorenanalysen (vgl. Helmke & Schrader, 2000; Rustemeyer & Rausch, 2007; Rustemeyer & Schirner, 2009; Patzelt, 2004) ergeben entweder drei oder zwei Faktoren, die bezeichnet werden können als:

1. „typische Prokrastinationsmerkmale“ bzw. Prokrastination im engeren Sinne (hinauszögern von Tätigkeiten, leicht ablenken lassen, Schwierigkeiten, den Lernprozess überhaupt zu beginnen),
2. „mangelnde Vorausplanung“ (Zeitreserve einplanen, Sachen bereitlegen, Bücher rechtzeitig zur Bibliothek zurückbringen),
3. Unpünktlichkeit als Resultat übermäßigen Aufschiebens.

Der Fragebogen von Tuckman (1991) thematisiert allgemeine Prokrastination (trait). Dem TPS-D liegt eine eindimensionale Faktorenstruktur zugrunde (Ferrari et al., 1995; Stöber, 1998; Tuckman, 1991). Ob es sich um einen Fragebogen zur Messung akademischer oder allgemeiner Prokrastination handelt, wird unterschiedlich gesehen. Während Ferrari et al. (1995, p. 54) den Fragebogen der akademischen Prokrastination zuordnen, argumentiert Grunschel (2007, S. 117f.) für die Zuordnung zur allgemeinen Prokrastination: „Im APSI ist der Verhaltensaufschub in den akademischen Kontext eingebettet, im Fragebogen TPS-D geht es um das Aufschieben im Allgemeinen.“

Der Study Problems Questionnaire (SPQ) von Hermans (1977; zit. nach Schouwenburg, 1995, p. 89) erfasst mit 20 Items ebenfalls habituelle Prokrastination. Die Faktorenanalyse ergab drei Faktoren:

1. „geringe Arbeitsdisziplin“,
2. „Angst vor Misserfolg“,
3. „Studieninteresse“.

Schouwenburg (1995, p. 87) weist darauf hin, dass die Ergebnisse zu den Faktoren des APSI sehr ähnlich sind. Der Fragebogen erfasst jedoch State-Prokrastination, während der SPQ Trait-Prokrastination misst. Die Ähnlichkeit zeigt sich auch in den hohen Korrelationen der Teilskalen der beiden Fragebögen.

In einer Faktorenanalyse, die Schouwenburg (1995, p. 89f.) mit drei Fragebögen (PCS, SPQ und APSI) durchführte, ergab sich eine Vier-Faktoren-Lösung. Der erste Faktor entspricht aus der Big-Five-Perspektive dem Persönlichkeitsmerkmal „Conscientiousness“ (Gewissenhaftigkeit) und der zweite Faktor dem Merkmal „Neuroticism“ (Neurotizismus).

Das Academic Procrastination State Inventory (APSI) von Schouwenburg (1995) erfasst mit 23 Items akademische Prokrastination (state). Es wird erfragt, wie häufig konkrete Verhaltensweisen, Gedanken und Gefühle als Folge von Defiziten in der Handlungsplanung und -steuerung innerhalb eines kurzen Zeitraums von etwa einer Woche aufgetreten sind. Die Faktorenanalyse, die Schouwenburg (1995) durchgeführt hat, ergab drei Faktoren:

1. „Prokrastination im engeren Sinne“,
2. „Furcht vor Misserfolg“,
3. „Motivationsmangel“.

Helmke und Schrader (2000) sowie Rustemeyer und Rausch (2007) konnten diese Faktorenstruktur replizieren. Wie bereits zuvor erwähnt weisen der APSI und der SPQ in den Faktorenanalysen ähnliche Faktoren auf.

Mit der Procrastination Checklist Study Tasks (PCS) von Schouwenburg (1995) wird die Intentions-Verhaltens-Diskrepanz erfasst. Bei diesem Fragebogen erfassen die beiden Fragebogenteile B und C Trait-Prokrastination (vgl Schouwenburg, 1995, p. 90).

Nicht eindeutig als akademische Trait- oder State-Prokrastination zu klassifizieren ist die Procrastination Assessment Scale – Students (PASS) von Solomon und Rothblum (1984). Mit 35 Items werden „Häufigkeit“ und vermutete „Gründe“ für Prokrastination bei Studierenden in sechs verschiedenen Bereichen (z.B. für das Examen studieren, eine Arbeit zu einem Thema verfassen, allgemein akademische Aufgaben erledigen) erfasst und der Wunsch, in jedem dieser Bereiche eine Änderung herbeizuführen. Im zweiten Teil des Fragebogens wird ein bestimmtes Szenario vorgegeben (z.B. eine Arbeit verfassen) und die Personen schätzen auf Skalen ein, inwieweit 13 vorgegebene Gründe (z.B. Angst vor Bewertung, Perfektionismus etc.) für das Aufschieben bei dieser Aufgabe verantwortlich sind (vgl. Ferrari et al., 1995, p. 48). In Bezug auf die Gründe, die die Studierenden für ihr Aufschieben angaben, wurde eine Faktorenanalyse gerechnet, und es zeigte sich, dass zwei Faktoren den Hauptteil der Varianz erklärten (vgl. Solomon & Rothblum, 1984, p. 507, s.a. die Ergebnisse von Clark und Hill, 1994), nämlich:

1. „Angst vor Misserfolg“,
2. „Aufgabenaversivität“.

Tab. 2: Taxonomie der verschiedenen Prokrastinationsarten und Zuordnung der Messinstrumente

		Alltagsprokrastination		
		Trait	*State*	*Undiff.*
Verhaltens-prokrastination	*Erregungs-prokrastination*	*GP (GPS)* Lay (1986), zitiert nach Ferrari, Johnson & McCown (1995)		*Active Procrastination* Chu & Choi (2005)
Verhaltens-prokrastination	*Vermeidungs-prokrastination*	*AIP* McCown & Johnson (1989), zitiert nach Ferrari, Johnson & McCown (1995)		*TAP* Sroloff (1983); Milgram, Sroloff & Rosenbaum (1988), zitiert nach Ferrari, Johnson & McCown (1995)
Entscheidungsprokrastination		*DP* Mann (1982), zitiert nach Ferrari, Johnson & McCown, (1995); Mann, Burnett, Radford & Ford, (1997) Sonderfall: *neurotische Procrastination* Ellis & Knaus (1977)		
Intentions- und Verhaltensdiskrepanz				

		Akademische Prokrastination		
		Trait	*State*	*Undiff.*
Verhaltens-prokrastination	*Erregungs-prokrastination*			*Active Procrastination* Chu & Choi (2005)
Verhaltens-prokrastination	*Vermeidungs-prokrastination*	*API* Aitken (1982), deutsche Fassung von Helmke & Schrader (2000) *TPS* Tuckman (1991), deutsche Fassung von Stöber (1995) *SPQ* Hermans (1977), zitiert nach Schouwenburg (1995)	*APSI* Schouwenburg, (1995), deutsche Fassung von Helmke & Schrader (2000)	*PASS* Solomon & Rothblum (1984), zitiert nach Ferrari, Johnson & McCown, (1995)
Entscheidungsprokrastination				
Intentions- und Verhaltensdiskrepanz		*PCS* Schouwenburg (1995)		

Die Abkürzungen beziehen sich auf die Testverfahren: *GP / GPS* (General Procrastination Scale), *AIP* (Adult Inventory of Procrastination), *TAP* (Tel-Aviv Procrastination Inventory), *API* (Aitken Procrastination Inventory), *TPS* (Tuckman Procrastination Scale), *SPQ* (Study Problems Questionnaire), *APSI* (Academic Procrastination State Inventory), *PASS* (Procrastination Assessment Scale-Students), *DP* (Decisional Procrastination Scale), *PCS* (Procrastination Checklist Study Tasks)

2.2. Messung von Prokrastination in experimentellen Settings

In laborexperimentellen Untersuchungen wird Prokrastination u.a. anhand von Verhaltensbeobachtungen gemessen. Sigall et al. (2000) untersuchten in ihrem Laborexperiment den Zusammenhang zwischen Wunschdenken (unrealistischem Denken, gemessen mit der Wishful Thinking Scale [WTS] von Sigall, Kruglanski, Stangor & Fyock, 1997) und Prokrastination. Die Autoren operationalisieren Prokrastination als die Zeit, die Teilnehmer benötigen, um vom Warteraum zum Experimentalraum zu gehen. Eine Hälfte der Gruppe erwartet eine angenehme, attraktive Aufgabe (einen interessanten Text lesen, zu dem detaillierte Fragen beantwortet werden sollen), die andere Hälfte der Gruppe eine unangenehme Aufgabe (einen langweiligen technischen Bericht lesen). Beide Gruppen erhalten vorher Anweisungen, die eine erfolgreiche Aufgabenlösung ermöglichen. Teilnehmer mit ausgeprägtem Wunschdenken beginnen später mit der Aufgabenbearbeitung, d.h., sie benötigen längere Zeit, bevor sie im Experimentalraum ankommen. Die Verzögerung tritt jedoch nur bei einer unangenehmen Aufgabe auf. Wunschdenker sind offensichtlich der Meinung, dass sie die Aufgabe auch dann noch erfolgreich lösen können, wenn sie später anfangen, und sie schieben stärker auf als Personen ohne Wunschdenken.

Auch in dem Laborexperiment von Ferrari und Tice (2000) wird Prokrastination gemessen als Zeitverzögerung, die vor Beginn einer Aufgabe und/oder vor Abschluss einer Aufgabe auftritt. Zunächst beurteilen sich alle Personen auf einer Selbsteinschätzungsskala chronischer Prokrastination (General Procrastination Scale, GPS, Lay, 1986). Dann wird ihnen mitgeteilt, dass ihre Leistung in einem Mathematiktest gemessen werden soll. Es wird ihnen jedoch freigestellt, entweder den Test zu machen oder sich mit anderen, angenehmeren Dingen (Puzzle lösen, Videospiel spielen) zu beschäftigen. In der ersten Studie widmen sich die prokrastinierenden Personen ca. neun bis fünfzehn Minuten (60 Prozent der Zeit) den angenehmen Dingen. In der zweiten Studie wird der gleiche Mathematiktest als lustiges Spiel eingeführt. Hier zeigen sich keine Unterschiede mehr zwischen prokrastinierenden und nicht prokrastinierenden Personen, obwohl in beiden Studien der besagte Mathematiktest zuvor als ein wichtiger Test zur Evaluation kognitiver Fähigkeiten bezeichnet wurde. Durch die zwanglose Einführung des Mathematiktests als eine Art Freizeitbeschäftigung wird offenbar den prokrastinierenden Personen die Angst vor einem Misserfolg genommen.

Die Kritik an solchen laborexperimentellen Studien besteht vor allem in der fehlenden ökologischen Validität der Ergebnisse. Die Befunde sind schon deshalb nicht ohne Weiteres verallgemeinerbar, weil unterschiedliche Tests zur Messung von Prokrastination verwendet werden, die Operationalisierungen unterschiedlich sind und häufig nur zeitlich sehr kurzfristige Effekte gemessen werden.

2.3. Fremdeinschätzung der prokrastinierenden Person

Prokrastination wird gelegentlich in quasi-experimentellen Settings durch Fremdeinschätzung – etwa von Lehrpersonen, Dozenten oder Kursleitern – erfasst, indem diese ihre Schülerinnen und Schüler auf einer Skala einschätzen. In der Untersuchung von Owens und Newbegin (2000) beurteilen Kursleiter für Mathematik und Englisch am Ende des Semesters die Ausprägung der Prokrastination ihrer Studentinnen und Studenten. Diese Einschätzung kann mit einer Selbsteinschätzungsskala (z.B. PASS von Solomon & Rothblum, 1984) zu einem gemeinsamen Wert kombiniert werden. Solch eine kombinierte Erfassung von Fremd- und Selbsteinschätzung bietet gegenüber der reinen Fremdeinschätzung eine validere Erfassung des Konstrukts „Prokrastination“, denn die Einschätzungen von Kursleitern können durch persönliche Voreingenommenheit verzerrt sein, ebenso wie die Selbsteinschätzungen durch soziale Erwünschtheit in ihrer Aussage stark beeinträchtigt sein können.

2.4. Abgrenzung von Aufschiebeverhalten und Anstrengungsvermeidung

Es scheint alltagspsychologisch plausibel, dass das Aufschieben von Aufgaben auch damit zu tun hat, dass Personen unnötige Anstrengungen vermeiden und lieber einfache Aufgaben bearbeiten möchten. Einen empirischen Hinweis darauf liefert die Studie von Wolters (2003), in der das Aufschiebeverhalten und weitere motivationale Variablen bei Studierenden anhand verschiedener Fragebögen erfasst wurden. Mit einer dieser Variablen wurde die Arbeitsvermeidungsorientierung (work-avoidance orientation) erfasst, indem Studierende angaben, wie hoch ihr Wunsch sei, Aufgaben zu bearbeiten, die entweder einfach oder ohne große Anstrengung zu bearbeiten seien. In einer hierarchischen Regressionsanalyse erwies sich die Variable „work-avoidance“ als deutlichster individueller Prädiktor für Prokrastination.

Das Konstrukt „Anstrengungsvermeidung“ scheint deutliche Überschneidungen mit dem Aufschiebeverhalten zu haben. Rollett entwickelte einen Test zur „Anstrengungsvermeidung“ (AV); sie definiert Anstrengungsvermeidung als ein Motiv, „dessen Ziel es ist, Aktivitäten in einem definierten Bereich aktiv zu meiden“ (Rollett, 1983, S. 78). Anders formuliert ist damit die Neigung einer Person gemeint, „sich den mit einer Leistung in einem bestimmten Tätigkeitsfeld verbundenen Anstrengungen durch den aktiven Einsatz geeigneter Strategien zu entziehen“ (Rollett, 2006, S. 14). Es handelt sich somit um ein volitionales Konzept, d.h., die Person entscheidet willentlich darüber, ob sie sich anstrengen will oder nicht. Laut Rollett (2006, S. 15) gibt es auch eine „intelligente Form“ der Anstrengungsvermeidung, die sich dadurch auszeichnet, dass die Person unnötigen Aufwand reduziert und dadurch eine Steigerung ihrer Effizienz erreicht. Stehen jedoch negative Gefühle im Vordergrund, die bei der Beschäftigung mit leistungsbezogenen Aufgaben auftreten, und es rückt zunehmend „die Reduzierung der unangenehmen Anstrengung in den Vordergrund“, handelt es sich bei dieser Form der Anstrengungsvermeidung „um einen Schutzmechanismus des Organismus vor Überlastung“ (Rollett, ebd.). Der Fragebogen zur Anstrengungsvermeidung wurde von Rollett und Bartram (1977) für Kinder und Jugendliche vom 5. bis zum 9. Schuljahr konzipiert. Dazu wurden die „häufigsten ‚Ausreden‘ arbeitsunwilliger Schüler gesammelt“ (Rollett, 2006, S. 14). Der AV-Test wurde konzipiert, um den „Ausprägungsgrad des schulbezogenen Anstrengungsvermeidungsmotivs zu erfassen“. Rollett grenzt das Konstrukt AV von einem Merkmal im eigenschaftstheoretischen Sinn insofern ab, als sich die Anstrengungsvermeidungstendenz immer auf definierte Aktionsfelder des Individuums bezieht. Mit Aktionsfeldern ist die schulische bzw. häusliche Arbeit gemeint. Der Zusammenhang zwischen Anstrengungsvermeidung und dem Lernverhalten und der Leistung bei Schülerinnen und Schülern konnte in mehreren Studien bestätigt werden (Rollett, 1983, 2006).

Eine auf dem Anstrengungsvermeidungstest von Rollett und Bartram (1977/1998) basierende angepasste Version für Erwachsene befindet sich im Anhang (A 14). In eigenen Untersuchungen (Callies, 2012) ermittelten wir für diesen Fragebogen in zwei Stichproben eine gute interne Konsistenz (Cronbachs Alpha = .86 und .87).

Da das Konstrukt der Anstrengungsvermeidung in der Nachfolgezeit wenig weiter ausdifferenziert wurde und nur eine begrenzte Anzahl empirischer Studien vorliegt, bei denen mit dem AV-Test gearbeitet wurde, soll im Folgenden ergänzend auf die Theorie der Anstrengungskalkulation von

Meyer (1984) eingegangen werden, da diese Hinweise darauf liefern kann, aus welchem Grund Individuen bei der Ausübung bestimmter Aufgaben bzw. Tätigkeiten eigene Anstrengungen vermeiden. Das Modell macht deutlich, warum Anstrengungsvermeidung keineswegs nur auf Bequemlichkeit oder Desinteresse reduziert werden kann. Meyer geht von einer rationalen Nützlichkeitsabwägung der Person aus, die besagt, dass die Anstrengung, die in eine Aufgabe oder Tätigkeit investiert wird, davon abhängt, wie hoch die eigene Fähigkeit eingeschätzt und wie hoch die Aufgabenschwierigkeit wahrgenommen wird. Je höher die Einschätzung der eigenen Fähigkeit für bestimmte Aufgaben bzw. Tätigkeiten und je geringer die Schwierigkeit der Aufgabe ist, umso höher ist die Anstrengung, die eine Person zu investieren bereit ist. Nach dem Konzept der Anstrengungskalkulation passt die Person somit ihre Anstrengung der Schwierigkeit der Aufgabe und ihren vermeintlichen Fähigkeiten für diese Aufgabe an. Bei steigender Aufgabenschwierigkeit wird zunächst eine höhere Anstrengung investiert; wird die Aufgabe jedoch als zu schwierig angesehen und es werden trotz erhöhter Anstrengung die eigenen Fähigkeiten als zu gering eingeschätzt, werden weitere Anstrengungen als sinnlos angesehen und nicht mehr ausgeführt, da für die Person die Erfolgschancen gegen null gehen.

Insbesondere Personen, die aufgrund eines niedrigen Fähigkeitskonzepts Anstrengung meiden, können Vermeidungstechniken im Sinne überdauerender Gewohnheiten (sich mit aufgabenirrelevanten Tätigkeiten beschäftigen, häufig Pausen einlegen etc.) entwickeln und langfristig stabilisieren. Prokrastination wäre in diesem Kontext eine Vermeidungstechnik, die Personen mit einem niedrigen Fähigkeitskonzept anwenden. Das Konzept geringer eigener Fähigkeit steht danach im engen Zusammenhang mit der mangelnden Anstrengungsbereitschaft und ist somit eine wichtige Erklärung des Vermeidungsverhaltens, wenn auch nicht die einzige (s. das Modell von Eccles und Wigfield).

2.5. Zusammenfassung

Prokrastination ist ein Konstrukt, das auf geeignete Art und Weise operationalisiert werden muss. Die am häufigsten genutzte Möglichkeit der Messung von Prokrastination ist die Befragung der Probanden; dafür wurden Fragebögen konstruiert, die die Selbsteinschätzung der Befragten erheben. Die Messinstrumente erfassen unterschiedliche Ausprägungen wie beispielsweise dispositionelle (trait) oder situationsspezifische (state) Prokrastination. Diese Unterteilung entspricht einer differenzialpsychologischen Sichtweise und stellt das Persönlichkeitsmerkmal „Prokrastination" einem situativen Ansatz gegenüber. Weiter wird das Auftreten von Prokrastination nach unterschiedlichen Domänen differenziert. Während sich die allgemeine Prokrastination auf Entscheidungen und Verhaltensweisen im Alltag richtet, hat die akademische Prokrastination vorrangig Lern- und Leistungssituationen in den Kontexten „Schule" und „Universität" zum Gegenstand. Die Prokrastinations-Taxonomie (vgl. Tab. 1) gibt einen Überblick über verschiedene Arten von Prokrastination und weiter werden in Tabelle 2 die gängigen Messinstrumente zur Prokrastination den jeweiligen Arten zugeordnet.

Inzwischen liegen viele korrelative Befunde vor, die das Phänomen „Prokrastination" im Zusammenspiel mit weiteren wichtigen Merkmalen beschreiben, aber nicht im Sinne von „Wenn-dann-Beziehungen" erklären können. Dazu eignen sich vor allem experimentelle Settings wie beispielsweise das von Sigall et al. (2000), bei dem die Autoren die Zeitverzögerung der Probanden bis zum Beginn einer zu bearbeitenden Aufgabe als Verhaltensprokrastination definieren und überprüfen, welche experimentellen Bedingungen Prokrastination fördern. Quasiexperimentelle Settings verwenden häufig zur Messung von Prokrastination Fremdeinschätzungen, die von Mentoren, Trainern etc. abgegeben werden. Wenn die Fremdeinschätzungen mit der Selbsteinschätzung zu einem gemeinsamen Wert kombiniert werden, können aufgrund der unterschiedlichen Perspektive besonders zuverlässige Prokrastinationsmessungen vorgenommen werden. Die Wahl des methodischen Zugangs kann Auswirkungen auf die Ergebnisse haben.

Inzwischen liegen auch Metaanalysen (van Eerde, 2003a, 2004; Steel, 2007, 2010) vor, wie oben bereits ausgeführt wurde. Mit dem statistischen Verfahren können viele Einzelstudien zusammengefasst und unter bestimmten Fragestellungen ausgewertet werden. So bezieht Steel (2007) Korrelationsstudien, experimentelle Untersuchungen und qualitative Studien in seine Metaanalyse mit ein.

Das Konstrukt „Prokrastination" hat eine große Ähnlichkeit mit dem Konzept der „Anstrengungsvermeidung" (vgl. Rollett, 1983, 2006). Kinder und Jugendliche können eine Neigung zeigen, sich willentlich bestimmten Anstrengungen im Kontext „Schule" durch geeignete Strategien zu entziehen, vor allem dann, wenn sie langweilige oder unangenehme Aufgaben oder Tätigkeiten ausführen sollen. Anstrengungsvermeidung kann als eine Selbstbehinderungsstrategie (self-handicapping) – neben vielen anderen bekannten – angesehen werden.

3. *Voraussetzungen und mögliche Auswirkungen von Prokrastination*

Obwohl Aufschieben ein häufig anzutreffendes Phänomen ist, wurden Zusammenhänge mit demografischen oder sozioökonomischen Merkmalen wie Geschlecht, Alter, Studienbedingungen, familiärer Stand, Nationalität bis vor Kurzem kaum systematisch untersucht. Auch wurden nur wenige Untersuchungen durchgeführt, die sich mit möglichen entwicklungspsychologischen Entstehungsbedingungen – insbesondere der habituellen Prokrastination – auseinandersetzen. Die Rolle der Familie und bestimmter familiärer Gegebenheiten ist u.a. von Rosario, Costa, Nunez, Gonzalez-Pienda, Solano und Valle (2009) untersucht worden.

Weiteren Aufschluss über das Konstrukt „Prokrastination" könnten Befragungen ergeben, bei denen Betroffene zu den Gründen und Motiven ihrer subjektiv erlebten Arbeitsstörungen befragt werden.

3.1. Prokrastination bei Frauen und Männern

Befunde zu geschlechtsspezifischen Unterschieden liegen zwar vor, sind jedoch inkonsistent. Die meisten Studien berichten keine Unterschiede zwischen den Geschlechtern (Ferrari, 1991a; Johnson & Bloom, 1995; Rustemeyer & Rausch, 2007; Solomon & Rothblum, 1984). Wenn jedoch Unterschiede auftreten, zeigt sich eine stärkere Prokrastinationsneigung bei Männern (van Eerde, 2003; Helmke und Schrader, 2000; Schouwenburg & Groenewoud, 2001). Neuere Studien mit größeren Stichproben bestätigen diesen Trend. So berichten Klassen, Ang, Chong, Krawchuk, Huan, Wong und Yeo (2009) in einer Vergleichsstudie mit 612 Jugendlichen aus Kanada und Singapur höhere Prokrastinationswerte bei männlichen Jugendlichen. Zu vergleichbaren Befunden kommen auch Steel und Ferrari (2013). In einer großen Studie mit 16413 englischsprachigen Erwachsenen, in der insbesondere demografische Variablen erfasst wurden, zeigt sich, dass Prokrastination hauptsächlich mit Geschlecht, Alter, Familienstand und Bildung zusammenhängt. So können Prokrastinatoren am ehesten charakterisiert werden als: jung, männlichen Geschlechts, unverheiratet, mit eher geringer

Bildung und fehlender Selbstdisziplin. Ein plausibler Erklärungsansatz für die signifikanten Geschlechtsunterschiede scheint nach Auffassung der Autoren vor allem in der geringer eingeschätzten Fähigkeit selbst regulierten Lernens bei männlichen Personen zu liegen (Klassen, Krawchuk & Rajani, 2008; Klassen et al., 2009), wobei Selbstwirksamkeit in den beiden Untersuchungen von Klassen et al. (2008, 2009) mit einem Fragebogen von Zimmerman, Bandura und Martinez-Pons (1992) erfasst wurde.

3.2. Zusammenhänge zwischen Aufschiebeverhalten und familiären und schulischen Voraussetzungen

Eine bedeutsame Rolle für das Auftreten von Prokrastination scheinen familiäre Bedingungen zu spielen. Die Familie hat zweifellos Einfluss auf den Erwerb von hinderlichen oder förderlichen Gewohnheiten (Rosario, 2009). Wenn Eltern an den Fähigkeiten des Kindes zweifeln, ihm nichts zutrauen, kann das dazu führen, dass das Kind sich selbst nichts zutraut und sich vor bestimmten Aufgaben „drückt". Hohe elterliche Erwartungen und damit der elterliche Erziehungsstil zeigen einen mittelbaren Zusammenhang mit Prokrastination, der über das Selbstwertgefühl vermittelt wird (vgl. Pychyl, Coplan & Reid, 2002). Sowohl Ferrari und Olivette (1994) als auch Scher und Ferrari (2000) nehmen an, dass die Familiendynamik (u.a. der elterliche Erziehungsstil) eine wichtige Rolle für das Aufschiebeverhalten spielt. Ob eine direkte oder indirekte Auswirkung auf die Prokrastination der Kinder und Jugendlichen erfolgt, wird von den Autoren unterschiedlich gesehen. In der Studie von Scher und Ferrari (2000) listeten Teilnehmer an mehreren aufeinanderfolgenden Tagen Aufgaben auf, die sie jeweils in den nächsten 24 Stunden erledigen wollten. Außerdem füllten sie Fragebogen zur Erfassung der chronischen allgemeinen Prokrastination aus. Als zentrale abhängige Variable wurde die Erinnerung an die erledigten bzw. nicht erledigten Aufgaben erfasst. Es zeigte sich, dass die Erinnerungswahrscheinlichkeit höher war, wenn die Aufgabe „in den Augen der Familie" wichtig war. Andererseits, wenn ein hoher Wert im Prokrastinationsfragebogen gemessen wurde, war die Erinnerungswahrscheinlichkeit geringer.

Ederer, Aschemann, Essau und O'Callaghan (2008) konnten in einer Studie mit 480 österreichischen Studierenden keinen Zusammenhang zwischen Prokrastination und elterlichen Erwartungen sowie elterlicher Kritik (erfasst mit Frost Multidimensional Perfectionism Scale, FMPS von Frost, Heimberg, Holt, Mattia & Neubauer, 1993) nachweisen. Jedoch konnten

Stöber und Joormann (2001) zeigen, dass Erwartungen und Kritik der Eltern mit dem Aufschiebeverhalten der Kinder korrelieren.

Rosario et al. (2009) untersuchten den Zusammenhang zwischen akademischer Prokrastination und *sozioökonomischen Variablen* (Schulbildung der Eltern, Zahl der Geschwister) sowie *Familienvariablen* und fanden folgenden Zusammenhang: Je besser die Schulbildung der Eltern war, desto weniger zeigten die Kinder Aufschiebeverhalten. Außerdem gilt: Je mehr Geschwister, je höher der Schuljahrgang (es nahmen Kinder aus 7., 8. und 9. Jahrgangsklassen der portugiesischen Pflichtschule teil) und die Unterrichtsausfälle, desto mehr tritt Prokrastination bei den Kindern auf. Milgram et al. (1998, p. 314) geben zu bedenken, dass es deutliche Unterschiede beim Zusammenhang zwischen Prokrastination und Elterneinfluss gibt, die nicht zuletzt damit zusammenhängen, welche Messinstrumente und welches Design verwendet wurden, welchen sozioökonomischen Status die Eltern haben, welchen Erziehungsstil sie pflegen, ob Vater oder Mutter Einfluss nehmen und ob sie allgemein oder aufgabenbezogen intervenieren. So geben in der Studie von Milgram et al. (1998, p. 309) beide Elternteile an, dass sie in der Grundschulzeit (Elementary School) am intensivsten interveniert hätten, wenn bei ihren Kindern akademische oder allgemeine Prokrastination aufgetreten sei. In späteren Phasen (High School und Junior High School) sei die Einflussnahme deutlich geringer gewesen (von über 60 Prozent in der Grundschulzeit auf unter 10 Prozent in der Junior High School). Allerdings finden die Autoren keinerlei Zusammenhang zwischen den Angaben der Eltern und den Angaben der Jugendlichen bezüglich der wahrgenommenen Elternintervention (bei akademischen und nichtakademischen Aufgaben). Dies, so die Autoren, lässt begründete Zweifel aufkommen, dass die Interventionen der Eltern entsprechend von den Kindern wahrgenommen und berichtet werden (Milgram et al., 1998, p. 297).

Ein weiterer Zusammenhang scheint zwischen akademischer Prokrastination und *Studiendauer* zu bestehen. Wenn die Semesterzahl mit Prokrastination korreliert wird, zeigt sich, dass Studienanfänger (Erstsemester) von einer geringeren Prokrastinationsneigung berichten als Studierende, die kurz vor dem Abschluss stehen (McCown & Roberts, 1994; Onwuegbuzie, 2000; Patzelt, 2004). Da die Studiendauer in enger Beziehung zum Alter steht, könnte auch ein enger Zusammenhang zwischen Alter und akademischer Prokrastination bestehen. In dieser Frage sind jedoch die Befunde sehr uneinheitlich (Patzelt, 2004; Watson, 2001; van Eerde, 2003a).

3.3. *Selbst berichtete Gründe und Motive von Schülerinnen, Schülern und Studierenden für ihre Arbeitsstörungen*

Die von vielen Studierenden berichteten Lern- und Arbeitsstörungen stehen in einem engen Zusammenhang mit der akademischen Prokrastination. Wenn diese Störungen verstärkt auftreten, können sie, wie Schleider und Güntert (2009) betonen, im Ernstfall dazu führen, dass Studierende ihr Studium nicht mehr beenden können. Um den Zusammenhang zur akademischen Prokrastination zu verdeutlichen, soll zunächst kurz auf das Konzept der Lern- und Arbeitsstörungen eingegangen werden. Schleider und Güntert (2009, S. 10) definieren studienbezogene Lern- und Arbeitsstörungen als Prozesse des Erlebens und Verhaltens, die eine effektive Bewältigung von Studienanforderungen verhindern oder maßgeblich stören. Als Forschungsinstrumente werden einerseits recht heterogene Problemlisten eingesetzt, andererseits erfassen standardisierte Verfahren überwiegend beobachtbare Lern- und Arbeitsstrategien (Wild & Schiefele, 1994) sowie selbst gesteuertes Arbeitsverhalten (vgl. Holz-Ebeling, 2006).

Auf der Grundlage des selbst konstruierten Fragebogens ISLA (Inventar studienbezogener Lern- und Arbeitsstörungen) untersuchten Schleider und Güntert (2009) Lern- und Arbeitsstörungen von 736 Studierenden verschiedener Fachrichtungen. Die Items erfassten folgende Inhaltsbereiche: (1) *Merkmale von Arbeitsstörungen*, (2) *spezifisch auslösende Situationen* sowie (3) *interne und externe Bedingungen*, wobei die externen Bedingungen in den Kontext „Hochschule“ sowie „Privatbereich“ unterteilt wurden. Die meisten der befragten Studierenden geben Ausweichverhalten (60,4 Prozent) und das Aufschieben von Arbeitsaufträgen (57,5 Prozent) als *Merkmal ihrer Lern- und Arbeitsstörungen* an. Als *spezifisch auslösende Situationen* werden vor allem Tätigkeiten im Zusammenhang mit studienbezogenen Leistungsanforderungen genannt, die eine benotete Bewertung einschließen, wie die Vorbereitung von mündlichen Prüfungen (49,4 Prozent) und Klausuren (44,7 Prozent) sowie die Ausarbeitung von Qualifikationsarbeiten (41,6 Prozent). Bei den *internen persönlichen Bedingungen* werden vor allem Schlafmangel/Müdigkeit (54,1 Prozent) und Abgelenktsein (52,6 Prozent) genannt. Bei den *externen sozialen und studienbezogenen Bedingungen* sind es die mangelnde Transparenz von Leistungsanforderungen (42,1 Prozent), aber auch mangelnde didaktische Kompetenz der Lehrenden (42 Prozent), die von den befragten Studierenden angegeben werden. Diese Ergebnisse machen deutlich, dass Studierende das Aufschieben von Arbeiten mit Leistungsanforderungen und das Zögern und Ausweichen als bedeutsame

Merkmale ihrer Arbeitsstörungen sehen. Die Frage nach den Gründen und Motiven bietet jedoch keine hinreichende Erklärung für die tatsächliche Verursachung von Prokrastination.

Zielführender sind dagegen empirische Studien, in denen Zusammenhänge zwischen Prokrastination und verschiedenen Personen- und Aufgabenmerkmalen überprüft wurden. Beispielsweise untersuchten Fritzsche, Young und Hickson (2003) den Zusammenhang zwischen akademischer Prokrastination und wissenschaftlichem Schreiben (Anfertigen wissenschaftlicher Arbeiten) bei männlichen und weiblichen Studenten und konnten deutliche Zusammenhänge zwischen Prokrastination und Angst, geringerer Zufriedenheit und schlechteren Noten aufzeigen. Außerdem konnte ein Feedback die negativen Auswirkungen von Prokrastination auf das Schreibergebnis abmildern. In der Studie von Ederer et al. (2008) gaben österreichische Studierende für die Items des PASS (Procrastination Assessment Scale-Students) von Solomon und Rothblum (1984) an, welche der Items genau den Grund für das Aufschieben der Arbeit wiedergaben. Die fünf am häufigsten genannten Gründe waren: „hatte viele andere Dinge zu tun“ (23,1 Prozent), „einfach zu faul, eine Hausarbeit zu schreiben“ (16,3 Prozent), „schreibe wirklich ungern eine Hausarbeit“ (14,9 Prozent), „hatte nicht genug Energie, um zu beginnen“ (13,1 Prozent) und „schwer zu entscheiden, was in der Arbeit behandelt werden soll und was nicht“ (10,4 Prozent). Bei Erhebungen dieser Art ist zu beachten, dass es sich um selbst berichtete Einschätzungen von betroffenen Personen handelt, die nur die subjektive Sicht der Befragten abbilden.

3.4. Rollenkonflikte zwischen verschiedenen Lebensbereichen und Aufschiebeverhalten

Senecal, Julien und Guay (2002) haben erlebte Rollenkonflikte zwischen schulischen und persönlichen Beziehungen untersucht und den Zusammenhang der Rollenkonflikte mit akademischer Prokrastination überprüft. Rollenkonflikte treten u.a. dann auf, wenn die von anderen geäußerten Erwartungen bezüglich einer bestimmten Rolle (Student, Freund etc.) inkonsistent sind mit den eigenen Erwartungen, aber auch dann, wenn die Erwartungen, die an die unterschiedlichen Rollen, die eine Person innehat, gestellt werden, nicht stimmig sind. So könnte ein Student einen emotionalen Konflikt erleben zwischen den aktuellen Anforderungen des Studiums und den Erwartungen von Freunden, mit zu einer Party zu gehen, anstatt zu lernen (Senecal et al., 2002, p. 136). Des Weiteren nehmen die Autoren an, dass eine hoch ausgeprägte Selbstregulation (im Sinne der Selbstbestimmungstheorie von Deci & Ryan, 1987) dazu führt, dass man gegenüber solchen Rollenkonflikten relativ widerstandsfähig ist. Der Zusammenhang zwischen Rollenkonflikten und Selbstbestimmung wurde nur in wenigen Arbeiten empirisch untersucht, dennoch kann mit aller Vorsicht aus diesen Ergebnissen gefolgert werden, dass Personen, die hinsichtlich ihrer Rollen (als Student, Freund etc.) selbstbestimmt sind, insgesamt zufriedener sind und sich als authentischer erleben als weniger selbstbestimmte Personen, welche eher geneigt sind, sich so zu verhalten, wie es andere von ihnen erwarten. Personen mit gering ausgeprägten Rollenkonflikten haben weniger Angst, Stress und Depressionen (Ryan, 1993). Senecal, Vallerand und Guay (2001) belegten in ihrer Studie, dass in den Bereichen „Arbeit“ und „interpersonale Beziehungen“ selbstbestimmte Personen weniger Rollenkonflikte erleben als Personen mit einer geringer ausgeprägten Selbstbestimmung. Die höhere Resistenz gegenüber Rollenkonflikten sollte erwartungsgemäß mit geringer Prokrastination einhergehen. Zur Überprüfung dieser Annahme bearbeiteten 292 Universitätsstudenten verschiedene Fragebögen: eine Skala zur Erfassung verschiedener Aspekte der Selbstbestimmung, eine zur Messung von Rollenkonflikten und eine zur Erfassung akademischer Prokrastination (Senecal, Julien & Guay, 2002, p. 138ff.). Die statistische Überprüfung erfolgte anhand eines Strukturgleichungsmodells. Durch die empirischen Ergebnisse sehen Senecal et al. (2002, p. 142) ihr Modell bestätigt, wonach eine geringe Selbstbestimmungsmotivation mit einem höheren Erleben von Rollenkonflikten in den untersuchten Bereichen einhergeht und Rollenkonflikte wiederum eng mit akademischer Prokrastination zusammenhängen. Kombiniert man diese Ergebnisse mit Befunden aus der Motivationsforschung, wonach eine autonomieunterstützende Umgebung (gemeint ist hier die Unterstützung durch signifikante Andere) zur Erhöhung der Selbstbestimmungsmotivation der Lernenden beiträgt (Vallerand, 1997), liegt die Vermutung nahe, dass Autonomieunterstützung auch zu geringeren Rollenkonflikten führt. Zusammenfassend ist festzuhalten, dass das Erleben von Rollenkonflikten nach Auffassung der Autoren eine wichtige Variable zur Erklärung von aufschiebendem Verhalten ist.

3.5. Zusammenfassung

Szioökonomische Merkmale wie Geschlechtszugehörigkeit, Alter, Bildung, Anzahl der Geschwister etc. wurden im Zusammenhang mit Prokrastination bislang kaum systematisch untersucht. Ob beispielsweise eher Männer oder eher Frauen aufschieben, stellte sich je nach Studie unterschiedlich dar, oder man fand gar keine Unterschiede. In aktuellen Studien richtet sich der Fokus auf jüngere männliche Personen mit eher niedrigem Bildungsstand und einer geringen Selbsteinschätzung ihrer Fähigkeit zu selbst reguliertem Lernen (Steel & Ferrari, 2013). Inzwischen liegen auch Studien vor, die mögliche entwicklungspsychologische Entstehungsbedingungen dispositioneller Prokrastination untersucht haben. So wurde beispielsweise die Rolle der Familie und bestimmter familiärer Kontextbedingungen von Rosario et al. (2009) untersucht und festgestellt, dass bei akademischer Prokrastination offenbar die Schulbildung der Eltern eine Rolle spielt. Je besser diese war, desto weniger zeigten die Kinder Aufschiebeverhalten. Außerdem gilt: Je mehr Geschwister, je höher der Schulkurs und die Zahl der Unterrichtsausfälle, desto eher tritt Prokrastination auf. Eine weitere, allerdings eher indirekte Rolle scheint der Erziehungsstil der Eltern zu spielen. Hohe elterliche Erwartungen zeigen einen über das Selbstwertgefühl vermittelten Zusammenhang mit Prokrastination (vgl. Pychyl et al., 2002).

Bei Studierenden sind selbst berichtete Gründe und Motive für Lern- und Arbeitsstörungen erfragt worden, und die Ergebnisse zeigen – wenig überraschend – einen engen Zusammenhang zur akademischen Prokrastination. Ob damit aber die tatsächlichen Gründe und Motive erfasst wurden, bleibt jedoch fraglich. Ein direkter Zusammenhang zwischen Aufschiebeverhalten und Leistung ist, wie eigentlich zu erwarten gewesen wäre, nicht durchgängig nachzuweisen. Die Ergebnisse hängen offensichtlich vom Aufgabenbereich bzw. den erfassten Fächern (z.B. Englisch, Mathematik) ab, aber auch von den Methoden zur Erfassung von Prokrastination (z.B. Onlinekurse versus traditionelle Kurse). Weiter ist untersucht worden, ob erlebte Rollenkonflikte – nicht immer deckungsgleich mit tatsächlich vorhandenen Rollenkonflikten – im Zusammenhang stehen mit aufschiebendem Verhalten. Neigen Personen dazu, Konflikte zwischen ihren eigenen Zielen und eigenen Erwartungen sowie den Erwartungen, die andere an sie stellen, zu erleben, tendieren sie eher zu aufschiebendem Verhalten. Als Vermittlungsvariable spielt hierbei die Selbstbestimmung der Person (siehe hierzu Selbstwirksamkeit, Kap. 4.1) eine wichtige Rolle.

4. *Personenmerkmale und Aufschiebeverhalten*

In vielen Studien konnten – in Abhängigkeit von den eingesetzten Fragebögen – unterschiedlich enge Zusammenhänge zwischen Prokrastination und verschiedenen Personen- und Aufgabenmerkmalen belegt werden. Eine Übersicht über die beteiligten Prokrastinationsarten und die in den einzelnen Studien verwendeten Variablen als Indikatoren für die Personen- und Aufgabenmerkmale liefern die Metaanalysen der beiden Autoren van Eerde (2003a) und Steel (2007).

Die größte Gruppe der untersuchten Variablen stellen eindeutig Personenmerkmale (im weitesten Sinne) dar. Ob die einzelnen Variablen Ursachen, Folge- bzw. Begleiterscheinungen von Prokrastination sind, lässt sich oftmals nicht eindeutig entscheiden, da es sich hauptsächlich um korrelative Zusammenhänge handelt, die keine Schlussfolgerungen über einen Ursache-Wirkungs-Zusammenhang zulassen. In den folgenden Kapiteln wird der Zusammenhang zwischen Prokrastination und einzelnen Merkmalen näher betrachtet, und es wird versucht, Personenmerkmale, die auch untereinander teilweise sehr hoch korrelieren, zu strukturieren.

Ein enger Zusammenhang zwischen akademischer Prokrastination (state und trait) und Merkmalen wie Gewissenhaftigkeit, Selbstwirksamkeit, Selbstwertgefühl, Fähigkeitsselbstkonzept, Interesse am Studium, Prüfungsangst, selbst reguliertem Lernen etc. wird von verschiedenen Autoren bestätigt (Helmke & Schrader, 2000; Rustemeyer & Rausch, 2007; Steel, 2007; Wolters, 2003).

So haben bereits Rothblum et al. (1986) in ihrer Studie akademische Prokrastination differenziert in affektive Merkmale (z.B. Prüfungsangst), kognitive Merkmale (z.B. Ursachenzuschreibungen von Erfolg und Misserfolg) und Verhaltensmerkmale (z.B. Selbstkontrolle, wöchentliche Verhaltensmessung) und Unterschiede zwischen Gruppen mit hohem und solche mit geringem Aufschiebeverhalten herausgefunden. Dieser Ansatz stellt eine denkbare Möglichkeit dar, die Vielzahl der inzwischen untersuchten Personenvariablen zu systematisieren und zu strukturieren, ist aber in der Literatur nicht weiterverfolgt worden.

Neuere Arbeiten, die sich um eine strukturierte Übersicht zum Phänomen „Prokrastination" bemühen, verwenden die Methode der Metaanalyse, mit der eine Vielzahl von Studien zu einem Thema zusammengefasst werden können, wie etwa zum Einfluss von Personenmerkmalen. Van Eerde (2003a) und Steel (2007) haben in ihren Metaanalysen Korrelationen zwischen unterschiedlichsten Persönlichkeitsvariablen und Prokrastination untersucht. Den stärksten negativen Effekt konnte van Eerde (2003a) für die Variablen „Gewissenhaftigkeit" (conscientiousness) und „Selbstwirksamkeit" (self-efficacy) und den stärksten positiven Effekt für die Variable „Selbstbehinderung" (self-handicapping) nachweisen. Personen mit ausgeprägtem Aufschiebeverhalten zeigen somit einerseits ein geringes Pflichtbewusstsein und eine geringe Selbstwirksamkeit und legen andererseits eine ausgeprägte Selbstbehinderung (Ferrari, 1991a) an den Tag. Zu ähnlichen Ergebnissen kommt auch Steel (2007), wie weiter unten ausgeführt wird.

4.1. Selbstwirksamkeit und Selbstwertgefühl

Das Konzept der Selbstwirksamkeit wurde ursprünglich von Albert Bandura (1997, 2001) entwickelt und unterteilt sich in Selbstwirksamkeitserwartung und Ergebniserwartung. Für die Prokrastinationsforschung ist vor allem die Selbstwirksamkeitserwartung (self-efficacy expectation) relevant. Darunter versteht man „die subjektive Gewissheit, neue oder schwierige Anforderungssituationen auf Grund eigener Kompetenz bewältigen zu können" (Schwarzer & Jerusalem, 2002, S. 35). Die Selbstwirksamkeitserwartung wird sehr häufig global und nicht domänen- oder aufgabenspezifisch erhoben. Tuckman (1991), Ferrari, Parker und Ware (1992) sowie Haycock, McCarthy und Skay (1998) fanden in ihren Studien einen negativen Zusammenhang zwischen Prokrastination und Selbstwirksamkeitserwartungen. Wolters (2003) konnte in einer hierarchischen Regressionsanalyse zeigen, dass Selbstwirksamkeit (self-efficacy) ein sehr effektiver Prädiktor für akademische Prokrastination ist (als zweiter hochwirksamer Prädiktor erwies sich die Anstrengungsvermeidung, s. Kapitel 2.4). Der deutliche Zusammenhang zwischen Prokrastination und Selbstwirksamkeit wird auch in den Metaanalysen der Autoren van Eerde (2003a) und Steel (2007) sichtbar. Bei van Eerde betrugen die Korrelationen für den Zusammenhang von Prokrastination und Selbstwirksamkeit $r = -.44$ (elf Studien) und bei Steel $r = -.38$ (39 Studien).

Prokrastination geht aber nicht nur mit geringer Selbstwirksamkeitserwartung einher, sondern auch mit geringem Selbstwertgefühl. Owens und Newbegin (1997, 2000) wiesen nach, dass Studentinnen und Studenten, die in Mathematik und/oder Englisch aufschiebendes Verhalten zeigten, zugleich ein niedriges Selbstwertgefühl hatten. Vergleichbar signifikante mittelhohe negative Korrelationen berichten Beck, Koons und Milgrim (2000), Ferrari (2004) und Harrington (2005). Auch in den Metaanalysen von van Eerde (2003a) und Steel (2007) zeigt sich ein negativer Zusammenhang zwischen Selbstwertgefühl und Prokrastination mit durchschnittlichen Korrelationen bei van Eerde r = –.28 (21 Studien) und bei Steel r = –.27 (33 Studien). Die Werte sind etwas geringer als bei der Selbstwirksamkeit, aber dennoch empirisch gut bestätigt.

Forschungsergebnisse zu Selbsttheorien legen nahe, dass Personen – insbesondere wenn sie ein gering ausgeprägtes Selbstwertgefühl haben – danach streben, ihr Selbstwertgefühl zu schützen oder zu erhöhen (Dauenheimer, Stahlberg, Frey & Petersen, 2002; Rustemeyer, 1993). Dafür bietet sich als wirksame Strategie die Selbstbehinderung (self-handicapping) an. Weder das Ziel (Schutz bzw. Erhöhung des Selbstwertgefühls) noch die Wahl der Self-Handicapping-Strategie müssen der aufschiebenden Person bewusst sein. Erwähnenswert ist hier auch noch die Einschätzung der eigenen Fähigkeit, die ebenfalls einen Zusammenhang zur akademischen Prokrastination zeigt. Werden die eigenen Fähigkeiten bei bestimmten Aufgaben und Tätigkeiten als eher gering eingeschätzt, neigen Personen dazu, diese Aufgaben aufzuschieben (Milgram, Marshevsky & Sadeh, 1995; Owens & Newbegin, 1997, 2000).

Diese Befunde stimmen überein mit denen zur geringen Selbstwirksamkeit und zum geringen Selbstwertgefühl, was sich nicht zuletzt durch die Konstruktähnlichkeit der Variablen „Selbstwirksamkeit", „Selbstwertgefühl" und „Selbsteinschätzung eigener Fähigkeiten" erklären lässt. Deutlich wird dies insbesondere bei Messungen zum Selbstwertgefühl und zum Selbstkonzept eigener Fähigkeiten. Folgt man der weitgehend akzeptierten Definition, dass das Selbstkonzept die beschreibende, kognitive Komponente (entweder global oder domänenspezifisch auf einen bestimmten Fähigkeitsbereich bezogen) und das Selbstwertgefühl die bewertende, affektive Komponente abbildet (vgl. Rustemeyer, 1993; Rustemeyer, 2011, S. 24), stellt man fest, dass die Konzepte „Selbstwertgefühl" und „Selbstkonzept" teilweise synonym verwendet werden. Auch hier, wie bei vielen anderen vorgestellten Merkmalen, ist es sinnvoll, sich zum Zwecke der genaueren Differenzierung die in den Studien verwendeten Instrumente anzuschauen, mit denen die entsprechenden Variablen erfasst wurden.

4.2. Selbstbehinderung (self-handicapping)

Ein positiver Zusammenhang besteht auch zwischen akademischer Prokrastination und Self-Handicapping-Verhalten (van Eerde, 2003a). Lay, Knish und Zanatta (1992) berichten, dass beide Konzepte in Trait-Ausprägung positiv korreliert sind, aber auch wichtige Unterschiede zwischen ihnen bestehen, sodass ein Konzept nicht einfach – wie es manche Autoren tun – als Subklasse des anderen gesehen werden kann. Nach Jones und Berglas (1978), Berglas und Jones (1978) sowie Rhodewalt (1990) wird Selbstbehinderung (self-handicapping) als eine selbstwertdienliche Strategie, mit der drohendes Versagen abgewendet werden soll, verstanden (s. Fragebogen im Anhang: A 12 und A 13). Indem sich eine Person im Voraus ein „Handicap" zulegt, wie etwa vor einer Prüfung viel Alkohol zu trinken oder zu wenig zu schlafen, kann sie einen Misserfolg selbstwertdienlich auf externale Ursachen zurückführen und nicht auf mangelnde eigene Fähigkeiten oder fehlende Anstrengung. Sollte wider Erwarten dennoch ein Erfolg eintreten, der trotz des Handicaps errungen wurde, kann der Erfolg auf die eigene Person (eigene Fähigkeiten oder Anstrengung) zurückgeführt werden und ist somit besonders selbstwertdienlich. Nach Steel (2007) korreliert Selbstbehinderung positiv mit Prokrastination (r = .46), eine vergleichbare Korrelation (r = .53) berichtet Ferrari (2004). Laut Schouwenburg (1995) streben Studierende danach, sich mit anderen zu messen und anhand dieses Vergleichs ihren Selbstwert zu erhöhen. Bei einem erwarteten ungünstigen Leistungsergebnis kann selbstwertschützendes Verhalten (self-handicapping) angewendet werden, sodass die Person ihren Misserfolg entschuldigen und auf ungünstige Umstände zurückführen kann. Auch vermeintliche hohe Prüfungsangst kann als wirksame Selbstbehinderungsstrategie eingesetzt werden, wenn sich nämlich Angst als sinnvolle Erklärung für schlechte Leistungen anbietet, wie in der Studie von Smith, Snyder und Handelsman (1982). Damit kann die selbstwertschädigende Attribution, wonach die schlechte Leistung das Resultat fehlender eigener Fähigkeiten ist, erfolgreich abgewendet werden. Mit anderen Worten: Das Versagen wird auf Zeitknappheit und ggf. auf Faulheit geschoben, nicht jedoch auf unzureichende Fähigkeiten. Die empirische Studie von Ferrari und Tice (2000) untermauert diese Interpretation, da die Autoren zeigen, dass Frauen und Männer mit chronischer Prokrastination im Labor nur dann Aufgabenvermeidungsstrategien anwenden (indem sie sich mit aufgabenirrelevanten Tätigkeiten beschäftigen), wenn sie befürchten, dass die Bearbeitung von Mathematikaufgaben zu einem schlechten Ergebnis führt und diagnostische, aussagekräftige Informationen über ihre Fähigkeiten liefern könnte. Werden die gleichen Aufgaben als unwichtig und spielerisch gekennzeichnet, zeigt sich kein Zusammenhang zwischen Prokrastination und Vermeidungsverhalten. Dass Aufgaben, die diagnostische Informationen liefern, von prokrastinierenden Personen eher vermieden werden, konnte bereits Ferrari (1991b) zeigen. Weiter ist Selbstbehinderung positiv korreliert mit „Neurotizismus", einem der fünf Persönlichkeitsfaktoren aus dem Big-Five-Modell (Costa & McCrae, 1992), und zugleich ist Selbstbehinderung negativ korreliert mit dem Persönlichkeitsfaktor „Gewissenhaftigkeit" (vgl. Ross, Canada, Rausch, 2002). Auf die Bedeutung dieser Befunde wird näher unter Kapitel 6.2 eingegangen.

Die konzeptionelle Übereinstimmung zwischen Prokrastination und Selbstbehinderung (self-handicapping) liegt vor allem darin, dass in beiden Fällen das bedrohte Selbstwertgefühl geschützt werden soll. Bei der Selbstbehinderung geschieht dies, indem sich die Person ein Handicap zulegt; prokrastinierende Personen schützen ihr Selbstwertgefühl, indem sie sich durch das Aufschieben eine plausible Erklärung für ungünstige Resultate schaffen. Somit könnte das Verhaltensmuster „Aufschieben" (aus Sicht der Selbstbehinderungstheorie) selbst als Handicap bezeichnet werden, was auch die Überschneidung der beiden Konstrukte insbesondere auf dem Trait-Niveau erklären könnte (Lay et al., 1992, p. 243). Die Autoren weisen jedoch in ihrer Studie darauf hin, dass vermutlich der Schutz des eigenen Selbstwerts nicht die einzige Motivation bei prokrastinierenden Personen ist, sondern u.a. auch die Qualität der Aufgaben (Aversivität, Autonomie etc.) eine wichtige Rolle spielt.

4.3. Selbstregulation/Selbstkontrolle

Prokrastination wird häufig auf eine unzureichende Selbstkontrolle der Person zurückgeführt (Ederer et al., 2008; van Hooft et al., 2005; Klassen, Ang, Chong, Krawchuk, Huan, Wong & Yeo, 2010; Steel, 2007). Selbstkontrolle und Selbstregulation sind beides Formen der Selbststeuerung oder noch allgemeiner der Verhaltenssteuerung, wobei die Steuerung von Gedanken, Gefühlen und Verhalten gemeint ist. Selbstregulation im Sinne eines Prozessmodells wird in der Literatur häufig anhand eines einfachen Regelkreises – etwa wie bei einer Heizung – verdeutlicht. Der Heizungsthermostat wird auf einen Soll-Wert (die gewünschte Temperatur) eingestellt. Der Ist-Wert (die aktuelle Zimmertemperatur) wird gemessen und beide Werte miteinander verglichen. Sinkt der Ist-Wert zu stark ab (im Zimmer wird es zu kalt), springt die Heizung an, und wenn es warm genug ist, also die Ist-Soll-Wert-Differenz behoben ist, stellt sich die Heizung aus, und es findet keine Wärmezufuhr mehr statt. Dieser Zyklus wird nun auch auf menschliches Handeln übertragen, z.B. auf Lern- und Arbeitsverhalten (vgl. Landmann, Perels, Otto & Schmitz, 2009, S. 51f.).

Es liegen inzwischen unterschiedliche theoretische Ansätze zur Selbstregulation vor, die von prozessorientierten (ein in einzelne Phasen unterteilbarer Ablaufprozess) bis zu schichtorientierten Modellen (bei denen verschiedene Ebenen der Regulation betrachtet werden) reichen. Insbesondere die inzwischen recht differenzierten Prozessmodelle eignen sich gut für die Anwendung auf Aufschiebeverhalten. In Anlehnung an Heckhausen (1989) und Gollwitzer (1996) werden bei der Selbstregulation drei Phasen unterschieden: präaktional, aktional und postaktional. In der präaktionalen Phase werden Ziele definiert, Strategien ausgewählt und zielführende Handlungen geplant. Landmann et al. (2009, S. 52) betonen, dass in dieser Phase zwei Aspekte eine wichtige Rolle spielen, nämlich die Aufgabenanalyse und die Bildung selbstmotivierender Überzeugungen für die anstehende Aufgabe. Gehandelt wird in der aktionalen Phase. Das eigene Handeln wird beobachtet, überwacht und kontrolliert, sodass man hier von einem willentlichen (volitionalen) Prozess spricht. In der postaktionalen Phase (auch Phase der Selbstreflexion genannt) findet der Ist-Soll-Vergleich zwischen dem anvisierten Ziel und der tatsächlichen Leistung statt. Die Person nimmt eine Bewertung vor. Sie reflektiert über den Handlungsverlauf, mögliche Ursachen und mehr oder weniger erfolgreich eingesetzte Strategien. Weiter zieht die Person Schlussfolgerungen für das nochmalige Durchlaufen der Handlungssequenz (etwa bei unzureichendem Ergebnis) oder für neue Handlungssequenzen.

Vor allem bei Prokrastination als Persönlichkeitsmerkmal wird von einem volitionalen Defizit der Person, also einem weitgehenden Versagen der Selbstregulation ausgegangen, wobei der Person im Besonderen die Umsetzung von Handlungsintentionen zu misslingen scheint (Dewitte & Lens, 2000; Dietz, Hofer & Fries, 2007; Ferrari, 2001; Wolters, 2003).

Schouwenburg (2004, p. 8ff.) fasst das Persönlichkeitsmerkmal „Prokrastination“ als einen Mangel an Selbstkontrolle innerhalb des Selbstregulationsprozesses auf und hebt dabei vor allem auf die Wichtigkeitseinschätzung ab, die eine Person für ihre Arbeiten/Aufgaben vornimmt. Der Autor geht von der rationalen Annahme aus, dass wichtige Aktivitäten bevorzugt erledigt werden. Allerdings hängt die Wichtigkeitseinschätzung nicht nur von der objektiven Wichtigkeit einer Aufgabe oder Tätigkeit ab, sondern auch davon, wie weit die Aufgabe und die damit assoziierte Belohnung zeitlich entfernt sind (zum Aspekt Wichtigkeit als Aufgabenmerkmal siehe auch Kapitel 5.2). So kann das langfristig wichtige Ziel, das Studium erfolgreich abzuschließen, von kurzfristig belohnenden Verhaltensaktivitäten abgewertet werden. Folglich erhalten die kurzfristigen Verhaltensalternativen eine höhere Wichtigkeit und werden deshalb bevorzugt ausgeführt. Dieser psychologische Mechanismus ist insbesondere für Studenten relevant und nach Schouwenburg (2004) verantwortlich für die hohe Zahl der Aufschieber. Die aufschiebende Person ist also nicht in der Lage, die notwendige Selbstkontrolle über ihr Verhalten (die Erreichung des langfristigen Zieles) aufrechtzuerhalten.

Impulsivität

Impulsivität beschreibt nach Asendorpf (2012, S. 72) „die Unfähigkeit, Impulse und spontane Verhaltenstendenzen zu blockieren, auf einen späteren Zeitpunkt aufzuschieben oder situationsangemessen zu verändern". Personen können somit als impulsiv charakterisiert werden, wenn sie spontan und schnell nach Lust und Laune handeln, ohne groß nachzudenken, und ihre Gefühle nicht gut kontrollieren können. Dieses Merkmal bildet nach Steel (2011, S. 31) den eigentlichen harten Kern von Prokrastination. In einer Vielzahl empirischer Studien zeigten neben Impulsivität (impulsiveness) weitere Persönlichkeitseigenschaften wie geringe Gewissenhaftigkeit (low conscientiousness), geringe Selbstkontrolle (low self-control) und hohe Ablenkbarkeit (high distractibility) einen engen Zusammenhang mit Prokrastination. Allerdings scheint die Impulsivität den größten Anteil zu haben (vgl. Steel, 2011). Impulsivität bewirkt die Unfähigkeit einer Person, effektiv ihre spontanen Verhaltenimpulse zu kontrollieren. Aus diesem Grunde ordnen Asendorpf und Neyer (2012, S. 141) die Impulsivität dem größeren Bereich der Kontrolliertheit einer Person zu: „Kontrolliertheit beinhaltet Nichtimpulsivität, Besonnenheit und Selbstdisziplin und ist Voraussetzung für hohe Gewissenhaftigkeit und kompetentes Handeln." Die Autoren beschreiben damit genau die Merkmale, die einen Nichtprokrastinierer auszeichnen.

Impulsivität repräsentiert nach Steel (2007, p. 70) eine Art Verhaltensaktivierungssystem (Behavioral Activation System, BAS). Diesem Ansatz liegt die auf neurophysiologischen Grundlagen basierende Temperamentstheorie von Gray (1982) zugrunde, wonach das Verhalten entweder gehemmt oder aktiviert werden kann. Die Verbindung zwischen dem BAS und Prokrastination kann dahin gehend hergestellt werden, dass ein überaus aktives Verhaltensaktivierungssystem zu übereilten Entscheidungen und zu kürzeren Aufmerksamkeitsspannen führt. Da impulsive Personen nach eigener Lust und Laune handeln, werden sie durch Gedanken an die Zukunft viel weniger beeinflusst als weniger impulsive, und sie vernachlässigen längerfristige Entscheidungen zum Teil völlig. Die Handlungen impulsiver Personen sind stark gegenwartsorientiert und beziehen sich auf das Hier und Jetzt. Ergebnis eines überaktiven BAS ist das sogenannte „sensation seeking", also die aktive Suche nach aktivierenden Empfindungen (vgl. Steel, 2007). Personen mit einem überaktiven BAS sehnen sich nach Spannung und Nervenkitzel, da sie sich sehr schnell langweilen. Deshalb schieben diese Personen Arbeiten und Aufgaben absichtlich auf, um dann unter dem gegebenen Druck und der Anspannung des näher kommenden Endtermins die Anspannung zu spüren (siehe dazu auch Kapitel 4.4.).

Gewissenhaftigkeit

Nach Schouwenburg (1995) sowie Scher und Osterman (2002) neigen besonders Personen mit unzureichendem Pflichtbewusstsein bzw. geringer Gewissenhaftigkeit (conscientiousness) dazu, Aufgaben vor sich herzuschieben und angesichts auftretender Schwierigkeiten schnell aufzugeben. So existiert nach Schouwenburg (2004) ein bedeutsamer Zusammenhang zwischen Prokrastination und einem Mangel an Selbstkontrolle bzw. Selbstregulation, der eng verbunden ist mit einer schlechten Organisationsfähigkeit, einem unzureichenden Zeitmanagement und einer fehlenden Impulskontrolle. Außerdem scheint die Ausprägung des Pflichtbewusstseins einer Person besonders zuverlässig ihre Leistungen vorhersagbar machen zu können.

Auch Steel (2007) weist in seiner Metaanalyse nach, dass geringe Gewissenhaftigkeit (geringes Pflichtbewusstsein) und geringe Selbstkontrolle mit hohem Aufschiebeverhalten einhergehen ($r = -.62$ bzw. $r = -.58$). Weitere Aspekte unzureichender Gewissenhaftigkeit sind Ablenkbarkeit (distractibility) und (fehlende) Organisationsfähigkeit (organization). Sie korrelieren ebenfalls relativ hoch mit aufschiebendem Verhalten ($r = .45$ bzw. $r = -.36$). Auch Lay und Schouwenburg (1993), Helmke und Schrader (2000) sowie Rustemeyer und Rausch (2007) berichten, dass geringe Fähigkeiten in Planung und Zeitmanagement mit hoher Prokrastination einhergehen.

4.4. Dysfunktionale kognitive Verzerrungen und irrationale Überzeugungen

Bei aufschiebenden Personen lassen sich bestimmte dysfunktionale kognitive Verzerrungen oder Gedanken und typische irrationale Überzeugungen (Ellis & Knaus, 1977; Knaus, 2002; Rückert, 2011) nachweisen. Dazu gehören u.a. kognitive Verzerrungen, die zwar auch bei Nicht-Prokrastinierern auftreten können, sich aber bei Prokrastinierern besonders nachteilig auswirken, wie z.B. die nicht adäquate Einschätzung der tatsächlichen Zeit, die benötigt wird, um eine Aufgabe zu erledigen. So wird einerseits die Zeit überschätzt, die für die Erledigung einer Aufgabe noch zur Verfügung steht, andererseits wird in optimistischer Weise die Zeit unterschätzt, die für die erfolgreiche Erledigung einer Aufgabe tatsächlich benötigt wird. Prokrastinatoren überschätzen häufig auch den Einfluss zukünftiger motivationaler Anregungen oder den Einfluss von Stimmungen auf die Erledigung von Aufgaben (Rückert, 2011).

Sogenannte irrationale Überzeugungen, die Albert Ellis in der „Rational-Emotiven Therapie“ (RET) beschreibt, können psychische Störungen verursachen und aufrechterhalten. Ellis (1993) charakterisiert irrationale Überzeugungen als Denkmuster, die eine negative Situationsbeschreibung und eine negative Bewertung beinhalten. Weiter gehören globale negative Fremd- und Selbstbewertungen wie etwa die Vorstellung, dass Menschen, die Fehler machen, Versager sind, zu solchen negativen Denkmustern sowie ein absolutes Muss-Denken („Ich muss mein Lernverhalten sofort und vollständig in den Griff bekommen“). Als weitere Teilgruppe irrationaler Überzeugungen nennt Ellis (1993) eine niedrige Frustrationstoleranz, die sich beispielsweise in der Aussage äußert: „Die Prüfungsvorbereitung müsste leichter zu bewältigen sein.“ Auch gehören dazu irrationale Ideen wie: „Das Leben sollte leichter, angenehmer, frei von Ärger und Anstrengung sein.“ Eine weitere Überzeugung, die eng mit Prokrastination verbunden zu sein scheint, ist der Gedanke, dass es leichter ist, schwierige Situationen zu meiden, statt ihnen zu begegnen und zu versuchen, sie zu bewältigen (Kriz, 2007). Solche hinderlichen Ideen können aufschiebendes Verhalten verursachen bzw. verstärken und zu unangenehmen Gefühlen wie Angst, Panik, Hilf- und Hoffnungslosigkeit führen (Ellis, 1993). So konnte Harrington (2005) zeigen, dass sich eine niedrige Frustrationstolerenz (discomfort intolerance) als wirksamer Prädiktor für Prokrastination erweist.

Ellis und Knaus (1977) haben in ihrem Buch „Overcoming procrastination“ als Erste einen kognitiv-verhaltenstherapeutischen Erklärungs- und

Therapieansatz vorgelegt. Knaus (1973, zitiert nach Steel, 2007) geht davon aus, dass vor allem zwei irrationale Ideen eng mit aufschiebendem Verhalten verbunden sind: a) die Person erlebt sich selbst als unzureichend, und b) sie schätzt die Welt als schwer und zu fordernd ein. Spätere Forschungen, die auf diesem Ansatz basieren, haben sich vor allem auf „Furcht vor Misserfolg“, „Perfektionismus“ und „Beurteilungsangst“ konzentriert. So stellen u.a. Rist et al. (2006, S. 65) in ihrer Studie die Frage, ob es einen Zusammenhang gibt zwischen akademischer Prokrastination, besonders hohen Ansprüchen (Perfektionismus) und der Angst, diese Ansprüche nicht erfüllen zu können (Versagensangst), und fanden heraus, dass Perfektionismus eher eine untergeordnete Rolle zu spielen scheint ($r = -.10$), wohingegen der Zusammenhang zur Angst sich deutlich bestätigte.

Zusammengefasst beziehen sich nach Steel (2007, p. 68) die Variablen „Furcht vor Misserfolg“, „Perfektionismus“ und „Beurteilungsangst“ auf die Angst bzw. Sorge der Person, eine ungünstige Beurteilung oder Bewertung der eigenen Person zu erhalten. Irrationale Ideen werden in der Metaanalyse von Steel in dem Cluster „Neurotizismus“ zusammengefasst. Irrationale Ideen korrelieren nach Steel (2007, p. 76, Tab. 3) zu $r = .27$ mit Prokrastination. Allerdings können die Korrelationen auch höher oder niedriger ausfallen (wie z.B. $r = .17$; „all irrational beliefs“), je nachdem, welche Messinstrumente eingesetzt werden und welche Teilaspekte irrationaler Ideen erfasst werden, wie etwa „Furcht vor Misserfolg“ oder „Perfektionismus“.

Optimistische Erwartung und Selbsteinschätzung

Nach Schouwenburg (2004) besteht ein Zusammenhang zwischen Optimismus und Prokrastination. Dazu führten Lay und Burns (1991) eine Untersuchung durch, in der sie zwei Wochen bzw. eine Woche vor einer Prüfung Studierende über ihre Absichten bezüglich der Prüfungsvorbereitung befragten. Die Fragen erfassten, wann sie mit dem Lernen beginnen wollten und wie viele Tage und Stunden sie dafür einplanten. Einige Minuten vor Testbeginn berichteten die Studierenden dann über ihr tatsächlich gezeigtes Lernverhalten.

Optimismus wird von Lay und Burns (1991) anhand der allgemeinen oder situationsspezifischen Erwartungen der Person operationalisiert. Im ersten Fall gehen die Autoren von einem Personenmerkmal aus und definieren Optimismus in Anlehnung an Scheier und Carver als „generalized outcome expectancies“ (Lay & Burns, 1991, p. 607). Im zweiten Fall (State-Optimismus) beschreiben sie Optimismus in Anlehnung an Bandura als „a measure of situation-specific expectancies“ (p. 607). Lay und Burns (1991) erfassten in ihrer Studie State-Optimismus mit Hilfe der berichteten Ergebniserwartungen der Studierenden hinsichtlich ihrer Prüfung. Obwohl Optimismus das Verhalten eher in positiver Weise beeinflusst, vermuten Lay und Burns, dass Prokrastinierende mit optimistischen Einstellungen bezüglich ihrer Absichten, Verhaltensweisen und der benötigten Vorbereitungszeit für eine Aufgabe zu einer überheblichen Haltung tendieren. Optimismus kann somit kontraproduktiv sein, da aufgrund der zu positiven Einschätzung zu wenig Zeit für die Prüfungsvorbereitung investiert wird (Kehrseite des Optimismus). In diesem Fall handelt es sich dann um eine typische dysfunktionale kognitive Verzerrung.

Lay und Burns (1991) fanden in ihrer Studie zunächst nur eine relativ geringe negative Korrelation zwischen habitueller Prokrastination (trait) und Optimismus ($r = -.23$). Bei einem Vergleich von Studierenden mit niedrigen und solchen mit hohen Prokrastinationswerten kamen die Autoren jedoch zu dem Ergebnis, dass erwartungsgemäß die Subgruppe mit hohen Prokrastinationswerten bei steigendem State-Optimismus weniger Stunden für die Prüfungsvorbereitung aufwandte. Anders war es bei den Studierenden mit geringer ausgeprägten Aufschiebeverhalten. Hier scheint eine Zunahme des State-Optimismus dazu zu führen, dass mehr Stunden in die Prüfungsvorbereitung investiert wurden.

Eine theoretische Analyse der in der Fachliteratur belegten Optimismus-Tendenz liefern Buehler, Griffin und MacDonald (1997). So neigen Personen dazu zu glauben, dass sie mit Aufgaben schneller fertig werden, als es dann tatsächlich der Fall ist. Diese optimistische Verzerrung der erforderlichen Arbeitszeit scheint vor allem durch den Wunsch bedingt zu sein, die Arbeit möglichst schnell zu beenden. Die kognitive Fehleinschätzung könnte nach Buehler et al. (1997) daran liegen, dass Hindernisse übersehen werden und frühere Erfahrungen bzw. Misserfolge negiert werden.

So ist festzuhalten, dass Prokrastinierende im Vergleich zu pünktlichen Personen planen, später mit dem Lernen zu beginnen, und dann auch tatsächlich später mit dem Lernen anfangen. Entgegen ihrer geäußerten Absicht, genauso viele Stunden wie Nicht-Prokrastinierende zu lernen, investieren sie jedoch insgesamt weniger Stunden in die Prüfungsvorbereitung (Lay & Burns, 1991).

Suche nach dem Erregungskick

Erlebte Langeweile kann durch die Aktivierung des Organismus beendet werden. In der Differentiellen Psychologie wird bereits seit einiger Zeit eine

Persönlichkeitseigenschaft erforscht, die vermutlich physiologisch bedingt ist und der Suche nach Abwechslung und neuen Erfahrungen entspricht (vgl. Zuckerman, 1988). Man nimmt an, dass jeder Mensch ein für ihn individuelles optimales Erregungsniveau besitzt. Demnach suchen Menschen mit einem geringen Erregungsniveau aufregende und stimulierende Reize, um ihr optimales Niveau zu erreichen. Sie werden als „sensation seekers" bezeichnet und bevorzugen bestimmte anregungsintensive sportliche Tätigkeiten wie z.B. Fallschirmspringen, Bungee-Jumping etc. Auch der Konsum von Drogen wird dieser Personengruppe zugeschrieben, da der erlebte Kick durch Drogen ebenfalls Anregungspotenzial besitzt.

Nach Schulz (2007, S. 16) ist der Wunsch nach Erregung auch ein Motiv für Prokrastination. Die gewünschte Aktivierung des Organismus stellt sich nämlich dann ein, wenn die Person den für sie positiven Druck einer Deadline spürt. Die betroffenen Personen sind der festen Überzeugung, unter diesen Bedingungen schneller und effizienter arbeiten zu können bzw. sogar nur unter entsprechenden Druckbedingungen gute Leistungen erbringen zu können (Chu & Choi, 2005; Ferrari, 1992). Dafür, dass entsprechend der subjektiven Wahrnehmung der Person tatsächlich bessere Leistung erbracht werden, gibt es keine empirischen Belege, was jedoch auch damit zusammenhängen kann, dass das Phänomen der sogenannten „funktionalen Prokrastination" in Abgrenzung zur dysfunktionalen Prokrastination (vgl. McCown & Roberts, 1994) bislang kaum systematisch-empirisch untersucht wurde.

Ferrari et al. (2005) untersuchten amerikanische, englische und australische Frauen und Männer, die Selbsteinschätzungsfragebogen zur überdauernden Prokrastination (Alltagsaufgaben, z.B.: „Ich beantworte Telefonanrufe nicht sofort") ausfüllten. Die Autoren unterschieden zwei Gruppen, die Vertreter der „Anregungsprokrastination" (arousal procrastination) und die der „Vermeidungsprokrastination" (avoidant procrastination). Bei der ersten Gruppe führt die chronische Art der Verzögerung dazu, dass die Personen ein „Hoch" erleben, wenn sie in großer Eile ihre Aufgaben erfüllen müssen. Individuen mit dieser Verhaltenstendenz geben an, dass sie bis zur letzten Minute warten, um dann hyperaktiv bis zum Schluss durchzuarbeiten. Die zweite Form der chronischen Prokrastination ist stark durch negative Gefühle und Vermeidungsverhalten gekennzeichnet. Ferrari et al. (2005) bildeten statistisch zwei „reine Typen" und konnten zeigen, dass keine Geschlechtsunterschiede auftreten und auch keine Unterschiede zwischen den Ländern zu verzeichnen sind. 11,5 Prozent schätzten sich als „arousal procrastinators" ein und 9,5 Prozent als „avoidant procrastinators".

Allerdings wird an diesem Konstrukt der sogenannten „Erregungsaufschieber" (arousal procrastinators) von einigen Autoren deutliche Kritik geübt. Pychyl (2008) bezweifelt, dass tatsächlich eine größere Gruppe von Prokrastinierenden existiert, die primär durch die Erregungssuche motiviert ist, immer wieder Tätigkeiten aufzuschieben. Wie auch andere empirische Studien gezeigt haben, gibt es tatsächlich Personen, die sich selbst der Kategorie der „arousal procrastinators" zuordnen. Pychyl (2008) vermutet jedoch, dass es sich dabei nicht um „echte" Erregungssucher handelt, die aus einem Bedürfnis nach optimaler Stimulation aufschieben, sondern dass stattdessen eine Form der kognitiven Dissonanzreduzierung vorliegt. Kognitive Dissonanz entsteht immer dann, wenn im kognitiven System einer Person eine psychologische Unvereinbarkeit von zwei relevanten Kognitionen vorliegt. Weiter erzeugt kognitive Dissonanz die Motivation, die entstandene Dissonanz zu reduzieren (Frey & Gaska, 1993). Im vorliegenden Fall bestünde die kognitive Dissonanz darin, dass eine Unvereinbarkeit zwischen den eigenen Ansprüchen (nämlich die Arbeit auszuführen) und dem tatsächlichen Handeln (stattdessen wird aufgeschoben) erlebt wird und dass diese psychologische Spannung reduziert wird, indem die Person die Überzeugung äußert, dass sie „nur unter Druck effektiv arbeiten kann". So mag es vorkommen, dass manchmal nur unter Druck gearbeitet werden kann, sicher ist aber die Überzeugung falsch, dass (nur) unter diesen Bedingungen effektive, gute Arbeit geleistet werden kann. Solche Überzeugungen wurden bereits von Ellis als irrational kritisiert.

4.5. Versagens-, Bewertungs- und Leistungsangst

Als eine wichtige irrationale Überzeugung, die eng mit Prokrastination verbunden ist, sehen schon Ellis und Knaus (1977) und Knaus (2002) die Überzeugung der eigenen Unzulänglichkeit. Prokrastination geht fast immer mit Ängsten einher. Angst ist ein unangenehmes Gefühl, das in bedrohlich empfundenen Situationen auftritt, und setzt sich aus den beiden Komponenten der Aufgeregtheit und der Besorgnis zusammen. Aufgeregtheit meint vor allem die wahrgenommene körperlicher Erregung oder Anspannung, während die Besorgniskomponente Kognitionen bezüglich Selbstzweifel, Besorgtheit und Versagen beinhaltet. Situationen, in denen das Selbstwertgefühl bedroht wird, sind häufig Leistungssituationen, in denen Bewertungen stattfinden. Ängstliche Personen fürchten, in solchen Situationen zu versagen. Diese Art der Angst wird als Versagens-, Bewertungs-

oder Prüfungsangst bezeichnet. Die Aufgeregtheits- und Besorgtheitskomponente dieser Angst führt zu einer Handlungsregulation, die die Aufgabenbearbeitung und Leistungsfähigkeit in der Lernphase negativ beeinflusst (Opitz, 2004, S. 10).

Manche Autoren unterscheiden speziell bei Prüfungsängsten zwischen Versagens- und Bewertungsängsten, die teilweise unterschiedlich stark mit Prokrastination korrelieren (vgl. Steel, 2007). Bei *Versagensangst* bzw. *Leistungsangst* (vgl. Schwarzer, 2000) befürchteten Personen schlechte Leistungen, z.B. bei einer Prüfung. Hierbei geht es um die Angst, eigene Erwartungen nicht erfüllen zu können und quasi vor sich selbst zu versagen. Bei der *Bewertungsangst* fürchtet sich die Person vor der negativen Bewertung durch andere. Hier steht die Angst, die Erwartungen anderer nicht erfüllen zu können, und ggf. öffentlich zu versagen im Vordergrund. Diese Unterscheidung wird u.a. auch von Opitz (2004) getroffen, und die Autorin kommt zu dem Ergebnis, dass sowohl Versagens- als auch Bewertungsangst signifikant mit Prokrastination korrelieren. Allerdings merkt die Autorin kritisch an, dass sich beide Ängste in der Realität nicht deutlich voneinander abgrenzen lassen, da die Angst zu versagen ohne den sozialen Vergleich kaum denkbar ist. Rist et al. (2006, S. 66) konnten ebenfalls in einer Studie mit 939 Studierenden einen Zusammenhang zwischen akademischer Prokrastination und Versagensangst ($r = .58$) und Angst vor negativer Bewertung ($r = .38$) nachweisen.

Auch in der experimentellen Studie von Senecal, Lavoie und Koestner (1997), in der die Beurteilung der Leistung angekündigt (oder nicht angekündigt) wurde zeigte sich, dass starke Aufschieber von der Ankündigung beinflusst wurden. Bei Antizipation einer Beurteilung brauchten sie länger, um eine langweilige/schwierige Aufgabe zu beginnen (s. ausführlichere Darstellung des Experiments in Kapitel 5.3).

Leistungsangst wirkt sich oftmals negativ auf die Handlungsrealisierung und die Leistung einer Person aus (vgl. Heckhausen, 1989). Bossong (1993) geht davon aus, dass Studierende mit Prüfungsangst bereits bei der Prüfungsvorbereitung ängstlicher sind und sich dadurch selbst behindern. So fanden Helmke und Schrader (2000) wie auch Rustemeyer und Rausch 2007) einen signifikanten Zusammenhang zwischen Prokrastination und Leistungsangst. Die Verbindung zwischen Leistungsangst und Prokrastination basiert auf der Annahme, dass ängstliche Lerner zu spät mit dem Lernen anfangen, da sie versuchen, ihre ängstlichen Gefühle möglichst zu vermeiden, indem sie die gesamte Lernsituation meiden. Durch negative Verstärkung (Meiden der unangenehmen Situation) verschafft sich die Person kurzfristige Erleichterung, die dann als Verstärkung für das Vermeiden wirkt. So kann sich langfristig ein stabiles Verhaltensmuster entwickeln, das nach Schouwenburg (2004) negative Auswirkungen auf die Leistung haben kann.

Haycock et al. (1998) überprüften bei College-Studenten den Zusammenhang zwischen Prokrastination, Angst (trait anxiety) und Selbstwirksamkeit (self-efficacy) und fanden signifikante Zusammenhänge zwischen allen drei Variablen. Es zeigte sich in der Studie allerdings eine hohe Interkorrelation zwischen Angst und Selbstwirksamkeit, die dazu führte, dass sich in der multiplen linearen Regressionsanalyse nur die Selbstwirksamkeit (als kumulative Variable) als signifikanter Prädiktor für Prokrastination erwies, nicht jedoch die Angst.

Werden Studierende nach Gründen für ihr Aufschiebeverhalten gefragt, nennen sie besonders häufig Versagens- und Bewertungsängste (Ferrari, Keane, Wolfe & Beck, 1998; Solomon & Rothblum, 1984). Versagensangst führt nach Helmke und Schrader (2000) dazu, dass die Aufgabenbewältigung vollständig oder möglichst lange aufgeschoben wird. Auch Stöber und Joormann (2001) konnten einen engen Zusammenhang zwischen Besorgnis (worry), Angst (anxiety) und Prokrastination zeigen. Zugleich ist aber anzumerken, dass es substantielle Überlappungen zwischen „worry", „anxiety" und Depression (gemessen mit Depressionsfragebögen) gibt (vgl. Stöber et al., 2001, p. 50), die sich in hohen Korrelationen zeigen.

Zusammenfassend kann aufgrund der Ergebnisse verschiedener Autoren (Helmke & Schrader, 2000; Rustemeyer & Rausch, 2007; Solomon & Rothblum, 1984; Stöber et al., 2001) von einer geringen bis mittleren Korrelation zwischen Leistungsangst und Prokrastination ausgegangen werden. Wie hoch der korrelative Zusammenhang ist, hängt nicht zuletzt davon ab, welche Operationalisierung der Leistungsangst den jeweiligen Studien zugrunde liegt und welche Angstskala in den Untersuchungen eingesetzt wurde. Und auch die hohen Interkorrelationen zwischen Angst und Selbstwirksamkeit (Haycock et al., 1998) lassen vermuten, dass in empirischen Studien die Selbstwirksamkeitsvariable die Angstvariable überdeckt und nur die Selbstwirksamkeit als Prädiktor für Prokrastination signifikant werden kann.

4.6. Zusammenfassung

Eine Vielzahl von Einzelstudien wie auch die Ergebnisse von Metaanalysen belegen die engen korrelativen Zusammenhänge zwischen Prokrastination und Personen- und Aufgabenmerkmalen, wobei hier vorzugsweise die akademische Prokrastination gemeint ist. Insgesamt betrachtet ist die Anzahl der Personenmerkmale, die teilweise auch als Persönlichkeitseigenschaften bezeichnet werden, deutlich höher als die Anzahl der relevanten Aufgabenmerkmale.

Vor allem sind Zusammenhänge mit selbstrelevanten Personenmerkmalen wie Selbstwirksamkeit, Selbstregulation, Selbstkontrolle, Selbstwertgefühl, Selbstbehinderung (self-handicapping), aber auch Impulsivität und Gewissenhaftigkeit gefunden worden (vgl. van Eerde, 2004; Helmke & Schrader, 2000; Rustemeyer & Rausch, 2007; Steel, 2007; Wolters, 2003).

Besonders die ursprünglich von Bandura entwickelte Selbstwirksamkeitstheorie ist für die Prokrastinationsforschung bedeutsam. Die Variable „Selbstwirksamkeitserwartung“ wurde in vielen Studien erhoben und zeigt einen engen Zusammenhang zum Aufschiebeverhalten. Konstruktähnliche Merkmale sind das Selbstkonzept eigener Fähigkeit und die subjektive Erfolgserwartung der Person.

Weiter existiert nach Schouwenburg (2004) ein Zusammenhang zwischen Prokrastination und einem Mangel an Selbstkontrolle bzw. Selbstregulation, schlechten Organisationsfähigkeiten und fehlendem Zeitmanagement. Eine unzureichende Selbstregulation wirkt sich offenbar vielfältig in hinderlicher Weise auf das Aufschiebeverhalten aus, u.a. dahingehend, dass es der Person nicht gelingt, ihre Handlungsintentionen erfolgreich umzusetzen und von der eigentlichen Aufgabe ablenkende Einflüsse abzuwehren oder auszublenden. Stattdessen werden kurzfristig belohnendere Tätigkeiten ausgeführt.

Die Impulsivität der Person ist nach Steel (2011) ein weiteres zentrales Merkmal, wenn nicht sogar der Hauptverursacher für Aufschiebeverhalten. Impulsive Personen handeln spontan und unüberlegt und können ihre Gefühle nicht gut kontrollieren, sie verschwenden wenig Zeit auf zukunftsgerichtete Gedanken und Entscheidungen. Sie handeln stärker gegenwartsorientiert und beziehen sich vor allem auf das Hier und Jetzt, was es ihnen deutlich erschwert, längerfristige Handlungsintentionen durchzuhalten, was auch auf fehlende Selbstkontrolle bzw. Selbstregulation als Ursache hinweist.

Fehlende Gewissenhaftigkeit ist ein weiteres Personenmerkmal, das einen engen korrelativen Zusammenhang zur Prokrastination aufweist. Gewissenhaftigkeit einschließlich ihrer Teilfacetten spielt im Big-Five-Modell der Persönlichkeit (Costa & McCrae, 1992) eine zentrale Rolle, da sie einen von fünf Faktoren oder Wesenszügen darstellt, durch den eine Persönlichkeit beschrieben werden kann. Die Ergebnisse zur Gewissenhaftigkeit werden deshalb ausführlicher im Rahmen der Big-Five-Theorie (im Kapitel 6.2) dargestellt und diskutiert.

Irrationale Überzeugungen wie falsch verstandener Optimismus, der dazu führt, dass es zu einer inadäquaten Einschätzung der erforderlichen Vorbereitungszeit kommt, werden zu wichtigen Begleiterscheinungen des Aufschiebeverhaltens gezählt. Eine eher positiv erlebte Form der Prokrastination beruht auf einem anderen Motiv der Person: Wunsch nach Erregung. Diese aktive Suche der Person nach dem sogenannten Erregungskick, der ständigen Abwechslung, die möglicherweise sogar physiologisch bedingt ist, wird in der Differentiellen Psychologie seit Längerem diskutiert und intensiv im Bereich „sensation seeking" erforscht. Ob dieser Forschungsbereich überhaupt eine Bedeutung für die Modellierung von Prokrastination hat, und wenn ja, welche, ist zurzeit noch nicht abzuschätzen. Eng damit verbunden scheint die irrationale Überzeugung zu sein, dass insbesondere unter Druck schnell und effektiv gearbeitet werden kann.

Starke Leistungsängste, wie die Angst zu versagen und die Angst vor Bewertung, sind oft Begleiterscheinungen des Aufschiebeverhaltens. So haben Personen mit einem geringen Selbstwertgefühl häufig Bewertungsängste, was dazu führt, dass die Aufgabenbearbeitung möglichst lange hinausgezögert oder vollständig aufgegeben wird.

5. *Aufgabenmerkmale und Aufschiebeverhalten*

In diesem Kapitel sollen Aufgabenmerkmale vorgestellt werden, die aufschiebendes Verhalten fördern oder auch tendenziell verhindern können. Während inzwischen eine große Anzahl von Personenmerkmalen, die im Zusammenhang mit Prokrastination stehen, identifiziert und empirisch untersucht werden konnte, ist nicht zuletzt aufgrund der wechselseitigen Bedingung zwischen Personen- und Aufgabenmerkmalen die Situation bei den Aufgabenmerkmalen weniger eindeutig. Obwohl bestimmte Aufgaben als schwer, angstevozierend oder aber als leicht und spannend bezeichnet werden können, sind diese Eigenschaften keine eindeutigen Aufgabenmerkmale, sondern auch Beschreibungen der jeweiligen Person und abhängig von deren Bedürfnissen, Fähigkeiten und Kenntnisse. Dieser wechselseitige Zusammenhang zwischen Personen- und Aufgabenmerkmalen ist hinlänglich aus der Motivationspsychologie bekannt (so etwa der Zusammenhang zwischen dem Fähigkeitskonzept einer Person und der wahrgenommenen Aufgabenschwierigkeit; s. Rustemeyer, 2011). Trotz der wechselseitigen Bedingtheit ist es sinnvoll, zumindest theoretisch zwischen Personen- und Aufgabenmerkmalen zu trennen, da in den empirischen Untersuchungen zum Aufschiebeverhalten entsprechende Merkmale oftmals einseitig entweder den Personen- oder den Aufgabenmerkmalen zugerechnet werden.

Bereits Solomon und Rothblum (1984) konnten in ihrer Studie unterschiedliche starke Zusammenhänge zwischen selbst berichtetem Aufschiebeverhalten der Probanden und dem Verfassen einer Hausarbeit, der Prüfungsvorbereitung und der Vor- und Nachbereitung von Lehrveranstaltungen ($r = .24$, $r = .19$ und $r = .28$) nachweisen. Diese Korrelationen gaben den Autoren Anlass zu der Vermutung, dass akademische Prokrastination nicht zuletzt von der Art der zu bewältigenden Aufgabe abhängt. Ob eine Aufgabe oder Tätigkeit langweilig oder interessant ist, ob ein Prüfungstermin noch in weiter Ferne liegt oder kurz bevorsteht und ob die Person schließlich einen besonderen Kick sucht oder glaubt, ohne ihn nicht effektiv arbeiten zu können, alle diese genannten Merkmale können sich auf (akademische) Prokrastination auswirken.

5.1. Zeitliche Nähe zum Abschlusstermin einer Aufgabe

Die zeitliche Nähe zu einem Prüfungs- oder Abgabetermin scheint ein wichtiges Merkmal zu sein, das sich auf das Aufschiebeverhalten einer Person auswirkt. Steel (2007) berichtet in seiner Metaanalyse, dass die zeitliche Nähe einer Aufgabe etwa in Form eines näher rückenden Prüfungstermins den Druck auf die Person erhöht, endlich mit der Vorbereitung zu beginnen. So zeigen Studierende unter Zeitdruck weniger Aufschiebeverhalten (Steel, 2007; Schouwenburg, 1995). Schouwenburg und Groenewoud (2001) befragten Studierende, wie viel Zeit sie in ihr Studium investieren und unter welchen Bedingungen sie aufschieben würden. Die befragten Personen gaben an, sie würden weniger aufschieben, wenn der Abschlusstermin bzw. das Examen näher rücke. Tatsächlich investieren sie dann mehr Zeit für das Studium. Dass erst kurz vor einem Prüfungstermin damit begonnen wird, intensiv zu lernen, wird von so vielen Studierenden praktiziert, dass Schouwenburg und Groenewoud (2001) diese Art und Weise des Aufschiebens als quasi „normales Verhalten" bezeichnen. Erst bei einer hohen Ausprägung der Prokrastination wird dieses Verhalten dysfunktional, da die gesetzten Ziele aufgrund des Aufschiebens nicht mehr erreicht werden können und die Prüfung oder auch das gesamte Studium gefährdet sind.

5.2. Wichtigkeit und Bedeutsamkeit von Aufgaben und Tätigkeiten

Auch wenn langfristige Aufgaben objektiv wichtiger sind (wie etwa der erfolgreiche Abschluss eines Studiums) als kurzfristige Tätigkeiten (wie das Erledigen eines Telefonats), werden häufig kurzfristig angenehme(re) Tätigkeiten vorgezogen. Nach Schouwenburg (2004) hängt das damit zusammen, dass sich die Wichtigkeitseinschätzung der Person ändert. Nicht nur die objektive Wichtigkeit ist zu berücksichtigen, sondern auch die subjektive Wichtigkeit, die u.a. davon abhängt, wie viel Zeit bis zum Abgabetermin bleibt. Ist der Termin noch weit entfernt, ist die subjektive Wichtigkeit signifikant geringer als kurz vor dem Abgabetermin. Kurz vor Ablauf eines Termins oder vor einer angekündigten Klassenarbeit erhöht sich die Wichtigkeit (Mischo, 2006). Somit sind in der Zukunft liegende objektiv wichtige Aufgaben aktuell für die Person relativ unwichtig, und andere Tätigkeiten werden bevorzugt. „This theory implies that at every moment the subjective importance of an event that is relatively far away is discounted from its objective importance“ (Schouwenburg, 2004, p. 8). Wie bereits im Kapitel 4.3 ausgeführt wurde, ist die objektive Wichtigkeit und Bedeutsamkeit einer Aufgabe oder Tätigkeit nur ein Aspekt der Wichtigkeitseinschätzung, der ergänzt werden muss durch die subjektive, personengebundene Wichtigkeitseinschätzung. Bei der Wichtigkeitseinschätzung liegt somit eine Wechselwirkung zwischen einem Personen- und einem Aufgabenmerkmal vor. Dies trifft auch auf die nächsten Merkmale zu, nämlich Interessantheit/Uninteressantheit einer Aufgabe oder Tätigkeit oder im schlimmsten Fall Aversivität gegenüber bestimmten Aufgaben und Handlungen.

5.3. Langweilige Aufgaben, Interesse an Aufgaben und Tätigkeiten

Ein wichtiges Aufgabenmerkmal, auf das immer wieder verwiesen wird, weil es eng mit aufschiebendem Verhalten zusammenhängt, ist das fehlende oder – positiv formuliert – vorhandene Interesse an einer Aufgabe oder Tätigkeit. Das scheint intuitiv sehr plausibel, da die meisten Menschen aus eigener Erfahrung wissen, dass die Bearbeitung von Aufgaben und die Erledigung von Tätigkeiten, die einen langweilen, öde sind und keinen Spaß machen, hinausgeschoben oder möglichst ganz vermieden werden. Vor allem Verhaltensprokrastination ist eng verbunden mit Aufgabenaversivität, Frustration und im Besonderen auch mit Langeweile (Blunt & Pychyl, 2000; Steel, 2007; Strongman & Burt, 2000). So überprüften Ackermann und Gross (2005) in ihrer Studie den Zusammenhang von Aufgabenmerkmalen mit Prokrastination bei Studierenden. Um möglichst realistisches Aufschiebeverhalten zu erfassen, sollten sich die Studierenden an eine wichtige Studienaufgabe erinnern, die sie während des Semesters erledigt hatten. Die Ausprägung der Prokrastination wurde anhand der Verzögerung erfasst, mit der die Studierenden die Studienaufgabe nach eigener Angabe begonnen hatten. Die Autoren berichten, dass sich Studierende mit hohem und solche mit gering ausgeprägtem Aufschiebeverhalten hinsichtlich des Merkmals „Interesse“ unterschieden. Interesse wurde mit drei Items erfasst: „I was interested in the assignment“, „The assignment held my interest“ und „I felt really involved with that assignment“. Studierende, die die Aufgabe nicht aufgeschoben hatten, stimmten diesen Items signifikant stärker zu als die Aufschieber. Interessanterweise wurde in dieser Studie jedoch kein Zusammenhang zwischen Prokrastination und Aufgabenschwierigkeit, Angst sowie Zeitdruck durch andere gefunden.

In vielen Studien findet eine Vermischung der Merkmale „Langeweile“ und „Aufgabenaversivität“ statt, trotzdem soll versucht werden, beide im Folgenden zu trennen.

In einigen Untersuchungen wird die persönliche Neigung zur Langeweile mit einem Fragebogen erfasst (Proneness to Boredom Scale = BP; vgl. Farmer & Sundberg, 1986), der 28 Items enthält wie „Time always seems to be passing slowly“, „I am good at waiting patiently“ oder „Much of the time I just sit around doing nothing“. Korreliert man die Neigung zur Langeweile mit verschiedenen Prokrastinationsarten (Blunt & Pychyl, 1998; Ferrari, 2000; Vodanovich & Rupp, 1999), zeigen sich signifikante Zusammenhänge zwischen den beiden Variablen. Es gibt unterschiedliche Interpretationsansätze, warum eine positive Beziehung zwischen Langeweile und Prokrastination existiert. Vodanovich und Rupp (1999, p. 12) führen den engen Zusammenhang darauf zurück, dass Langeweile und Prokrastination ähnliche Merkmale aufweisen wie etwa motivationale Defizite, Defizite in der Nutzung der Zeit und die Schwierigkeit, Prioritäten zu setzen. Und auch die negativen Konsequenzen, die sich z.B. in negativen Emotionen wie Angst, Depressivität und Ärger äußern, sind ähnlich. Eine andere plausible Erklärung stellen Blunt und Pychyl (1998) in Anlehnung an Kuhl (1994, p. 16) auf. Danach kann die längerfristige Ausführung einer langweiligen, monotonen Aufgabe nur aufrechterhalten werden, wenn aufgabenirrelevante Emotionen und Kognitionen unterdrückt werden. Gelingt der Person diese Unterdrückung nicht, können sich konkurrierende Handlungstendenzen durchsetzen, und die eigentliche Aufgabe wird aufgeschoben.

Mit einer anderen methodischen Vorgehensweise, nämlich einer experimentellen Studie, prüften Senecal et al. (1997) den Einfluss von Aufgabentyp und Beurteilung auf das Aufschiebeverhalten der Person. Die vorgegebenen Aufgaben waren entweder langweilig oder interessant und entweder einfach oder schwer zu bearbeiten. Bei den *interessanten Aufgaben* sollten die Probanden eine Lösung für ein interpersonales Dilemma finden (*leichte Aufgabe*: Junge hat Probleme mit seinem Team; *schwere Aufgabe*: lesbische Frau besucht mit ihrer Freundin eine Hochzeit). Bei den *langweiligen Aufgaben* ging es darum, Items eines schlecht konstruierten Fragebogens umzuformulieren (*leichte Aufgabe*) oder eine psychologische Beurteilung zu verbessern (*schwere Aufgabe*). Die Probanden hatten jeweils vier Aufgaben zu bearbeiten, die sich aus der Kombination (interessant/langweilig und leicht/schwer) ergaben. Die Probanden hatten genau eine Stunde Bearbeitungszeit für alle Aufgaben, und während dieser Zeit wurden in Zehn-Minuten-Intervallen drei Items erfragt: 1) „I find this to be fun to work on", 2) „I feel competent while working at this task", 3) „I feel anxious while working at this task". Bei der Beurteilung, die entweder von den Teilnehmern antizipiert werden konnte oder nicht, wurde noch zwischen einem Leistungs- und einem Interessenfokus differenziert.

Die Ergebnisse zeigen, dass Aufgaben, die zugleich langweilig und schwierig sind (hier: einen psychologischen Bericht verbessern), von den Probanden als wenig erfreulich und am meisten angsterzeugend beurteilt wurden. Von den Probanden bearbeiteten 45 Prozent die Aufgabe langweilig/schwierig zuletzt, aber nur 20 Prozent der Probanden bearbeiteten die interessante/leichte Aufgabe als letzte. Die beiden anderen Kombinationen, nämlich die interessante/schwierige Aufgabe und die langweilige/leichte Aufgabe wurden jeweils von 17 Prozent der Probanden zuletzt bearbeitet (Senecal et al., 1997, p. 897f.). Die Kombination „langweilig und schwierig" wirkt somit besonders verstärkend auf das Aufschiebeverhalten.

Ebenfalls in einer experimentellen Studie konnten Sigall et al. (2000) zeigen, dass unattraktive Aufgaben (einen langweiligen technischen Bericht lesen und bearbeiten) verglichen mit attraktiven, interessanten Aufgaben (einen Bericht über persönliche Beschreibungen eines Studenten lesen und bearbeiten) zu stärkerem Aufschieben (späteres Erscheinen zur Aufgabenbearbeitung in einem anderen Raum) führten als interessante Aufgaben. Allerdings zeigte sich dieser Effekt nur bei Personen, die als „Wunschdenker" bezeichnet wurden, also bei Personen, die glauben, dass sie Aufgaben trotz Verzögerung erfolgreich bearbeiten können.

Es ist festzuhalten, dass das Merkmal „Desinteresse", „Langeweile" bzw. „langweilige Aufgaben oder Tätigkeiten" differenziert betrachtet werden muss. Wird die Neigung zu Langeweile erfasst (z.B. mit dem Fragebogen von Farmer & Sundberg, 1986), handelt es sich wohl eher um ein Persönlichkeits- als um ein Aufgabenmerkmal. In experimentellen Studien kann Langeweile als Aufgabenmerkmal variiert werden, indem durch Vorversuche entsprechende Aufgaben (langweilig versus interessant) ausgewählt werden. Allerdings zeigt sich, dass vor allem die Kombination „langweilig/schwer" Auswirkungen auf Prokrastination hat, während die Kombination „langweilig/leicht" (soweit dazu überhaupt Studien vorliegen) sich beispielsweise nicht bedeutsam von interessanten Aufgaben unterscheidet. Aufgaben und Tätigkeiten, die zugleich langweilig und schwer sind, sind dann aber eher dem Punkt „Aufgabenaversivität" zuzuordnen.

5.4. *Aufgabenaversivität*

Neben uninteressanten, langweiligen Aufgaben können vor allem als unangenehm erlebte Aufgaben aufschiebendes Verhalten begünstigen. So vermuten Blunt und Pychyl (2000), dass die Aversivität gegenüber bestimmten Aufgaben ein Hauptmotiv für akademische Prokrastination sei. Aufgabenaversivität wird nach Blunt und Pychyl (2000) in der Regel operationalisiert, indem Personen dazu befragt werden, wie unerfreulich und unangenehm die zu erledigenden Aufgaben für sie sind: „In procrastination research, task aversiveness is typically defined in terms of how unpleasant or unenjoyable a task is to perform" (p. 154). In ihrer Studie untersuchten Blunt und Pychyl (2000) die Bedeutung von Aufgabenaversivität in vier verschiedenen Projektstadien (interception, planning, action und termination) und konnten in allen Stadien bedeutsame Zusammenhänge mit akademischer Prokrastination nachweisen. Die Autoren kommen zu dem Schluss, dass Aufgabenaversivität ein multidimensionales Konstrukt ist, das Komponenten wie Langeweile, Frustration und Ärger enthalten kann. Insofern können prinzipiell – abhängig vom verwendeten Messinstrument – auch langweilige und uninteressante Aufgaben in die Kategorie „Aufgabenaversivität" fallen. Ob es für die weitere Forschung sinnvoll ist, zwischen uninteressanten, langweiligen Aufgaben und aversiv erlebten Aufgaben, die einen negativen Affekt der Person zugrunde legen, zu differenzieren, gilt es noch zu prüfen.

Nach Steel (2007) betrachten Personen offensichtlich unliebsame Aufgaben und Tätigkeiten als anstrengender und mühevoller als angenehme Aufgaben und meiden sie aus diesem Grund. Die Aussage von Steel (2007) mag für aversiv erlebte Aufgaben zutreffen, aber sicher nicht in gleichem Maße für Aufgaben, die lediglich langweilig sind.

Die Bedeutung von Aufgabenaversivität für das Aufschiebeverhalten konnte mit unterschiedlichen methodischen Vorgehensweisen belegt werden. Bereits in der Studie von Solomon und Rothblum (1984) wurde Aufgabenaversivität erfasst, indem Studierende angaben, welche Arbeiten für sie unangenehm seien. Es wurden mögliche Gründe vorgegeben, aus denen sie auswählen konnten. Die meisten Studierenden gaben an, dass ihre Aversivität gegenüber bestimmten Aufgaben der Grund für ihr Aufschiebeverhalten sei (s.a. Kachgal, Hansen & Nutter, 2001). Ferrari (1993) befragte Personen, warum sie so spät für Weihnachten einkaufen würden, und kam zu ähnlichen Ergebnissen. Die Befragten gaben an, eine Abneigung gegenüber Weihnachtseinkäufen zu haben. Weiter wurde der Zusammenhang zwischen Aversivität und Prokrastination bei verschiedenen Aufgabenarten untersucht. Nachgewiesen wurde ein korrelativer Zusammenhang mit dem Aufschiebeverhalten bei persönlichen Projekten, alltäglichen Aufgaben, akademischen Aufgaben (wie Veröffentlichungen) und bei der Jobsuche (vgl. Steel, 2007).

Auch bei täglichen Zeitstichprobenerhebungen (Tagebuchaufzeichnungen, Logbücher etc.) konnte die Bedeutung von Aversivität nachgewiesen werden (Ferrari & Scher, 2000; Pychyl, Lee, Thibodeau & Blunt, 2000). Steel (2007, p. 75) berichtet in seiner Metaanalyse, dass Prokrastination signifikant mit der Bewertung einer Tätigkeit als aversiv bzw. unangenehm korreliert ($r = .40$, bei acht Studien). Und je stärker die Abneigung einer Person ist, desto anstrengender und angsterzeugender werden die Aufgaben eingeschätzt (wobei dieser korrelative Zusammenhang auch umgekehrt interpretiert werden kann). Steel (2007) berichtet von Moderatorvariablen, die einen Effekt haben können, wie die zeitliche Dauer von Arbeitsaufgaben bzw. Projekten und die Ausprägung von Gewissenhaftigkeit. Danach intensivieren Aversivitätseffekte bei kurzfristigen Projekten (Lay, 1990) die Wirkung des Aufschiebens. Außerdem wird die Beziehung zwischen Prokrastination und Aufgabenaversivität moderiert durch Gewissenhaftigkeit (Lay & Brokenshire, 1997).

Ein Zusammenhang zwischen Aufgabenaversivität und Prokrastination konnte auch bei Anwendung von experimenteller Methodik (wie oben unter Punkt 5.3 beschrieben) nachgewiesen werden (Senecal et al., 1997; Sigall et al., 2000). Je langweiliger und schwieriger eine Aufgabe war, desto wahrscheinlicher neigten die Personen zur Verzögerung.

Lonergan und Maher (2000) führten Studien am Arbeitsplatz (im Gesundheitswesen) durch und untersuchten bei Beschäftigten den Zusammenhang zwischen Merkmalen der Tätigkeit und Entscheidungsprokrastination. Es zeigte sich, dass Aufgabenmerkmale wie die eingeschränkte Möglichkeit, selbstständig zu arbeiten, fehlende Kontrolle über Arbeitsabläufe, niedrige Autonomie, geringe Bedeutung und wenig Rückmeldungen von Vorgesetzten oder verantwortlichen Personen das Aufschieben von Entscheidungen verstärkten.

In der Studie von Ferrari et al. (1998) konnte gezeigt werden, dass Aufgaben, die Studenten als unangenehm, langweilig oder schwierig beurteilten, eher aufgeschoben wurden, als Aufgaben, die sie als angenehm und leicht beurteilt hatten.

5.5. Zusammenfassung

Der Zusammenhang zwischen prokrastinierendem Verhalten und Aufgabenmerkmalen wurde in vielen Studien nachgewiesen. So zeigt sich, dass bei akademischer Prokrastination bestimmte Aufgabenarten wie etwa das Anfertigen von Studienarbeiten zu vermehrtem Aufschiebeverhalten führt, während bei anderen Tätigkeiten nicht so stark aufgeschoben wird. Langweilige Aufgaben verleiten zum Aufschieben, aber auch Tätigkeiten, denen man sich nicht gewachsen fühlt oder für die man keine oder nur wenig Rückmeldung bekommt.

Hoher Zeitdruck, z.B. in Form von anstehenden Prüfungsterminen, führt in der Regel dazu, dass weniger aufgeschoben wird. Bei den Aufgabenmerkmalen ist es vor allem die Abneigung gegenüber einer Aufgabe, die eine Person empfindet, auch Aufgabenaversivität genannt, die offensichtlich dazu führt, dass eine Tätigkeit als mühevoll und anstrengend angesehen und somit letztendlich gemieden wird: „The more boring and difficult a task was made, the more likely people were to delay doing it“ (Steel, 2007, p. 75). Aufgabenaversivität ist vermutlich ein mehrdimensionales Konstrukt, unter das auch langweilige Aufgaben subsumiert werden können. Eine genaue Differenzierung in langweilige und aversive Aufgaben erfolgt häufig nicht.

Vor allem Personen, die einen starken Wunsch nach Erregung verspüren (siehe Kapitel 4.4.), dürften Aufgaben schneller langweilig werden als Personen, bei denen dieses Motiv bzw. Bedürfnis nicht so stark ausgeprägt ist. Der Wunsch nach Erregung führt dazu, dass positive Erregungssituationen aufgesucht werden. Solch eine Situation scheint dann gegeben zu sein, wenn eine Person den für sie positiven Druck der Deadline spürt und sich dann besonders leistungsfähig fühlt.

6. *Theoretische Ansätze zur Erklärung des Aufschiebeverhaltens*

Eine Sichtung der theoretischen Ansätze zur Prokrastination zeigt, dass sich mit zunehmender Forschungsaktivität das Spektrum der Erklärungen kontinuierlich erweitert hat. Die Palette reicht inzwischen von biologischen bis zu rein kognitiven Ansätzen. So schlägt Steel (2011) in seinem Buch eine biologische Interpretation vor, die von einer genetischen Basis des Aufschiebeverhaltens ausgeht. Steel leitet seine Schlussfolgerungen vorzugsweise aus neurobiologischen Studien ab. Sozusagen am anderen Ende des theoretischen Spektrums rekonstruiert die Philosophin Andreou (2007) Prokrastination als rein kognitives Phänomen, das letztendlich auf einer Selbsttäuschung der Person basiert, nämlich auf „intransitiven Präferenz-Strukturen". Damit ist gemeint, dass nicht konsequent auf ein bestimmtes Ziel hingearbeitet wird, sondern sogenannte Momententscheidungen (moment to moment choices) getroffen und Verhaltensweisen bevorzugt werden, die nicht zielführend sind. Pychyl (2008) verdeutlicht diese Denkstruktur an folgendem Beispiel: Es ist Montag, und am Donnerstag ist Abgabetermin für ein Manuskript. Die intransitive Präferenzstruktur führt nun dazu, dass am Montag der Beginn der Arbeit auf Dienstag verschoben wird (der Dienstag wird dem Montag vorgezogen), am Dienstag wird der Beginn der Arbeit auf Mittwoch verschoben (der Mittwoch wird dem Dienstag vorgezogen), und am Mittwoch wird auf Donnerstag verschoben. Mit der Arbeit am Donnerstag zu beginnen, wird als unbefriedigend erlebt („es ist nun sehr spät, um das Manuskript anzufertigen"), sodass der Arbeitsbeginn am Montag (der schon vorbei ist) eine größere Präferenz besitzt als der Arbeitsbeginn am Donnerstag. Diese Denkstruktur führt dann laut Pychyl (2008) dazu, dass am Donnerstag „in der letzten Minute" Anstrengung aufgewendet wird, um die Arbeit zu erledigen. Ein Ablaufschema (Abb. 1) verdeutlicht die intransitive Präferenzstruktur von Prokrastinatoren.

Verhaltensoption 1 < Verhaltensoption 2 < Verhaltensoption 3 < Verhaltensoption 4 (< Verhaltensoption 1)

Abb. 1: Intransitive Präferenzstruktur (vgl. Pychyl, 2008).
Das „<" Zeichen bedeutet: „wird weniger bevorzugt als".

Es wird deutlich, dass bei langfristigen Zielen die aktuelle Präferenz (für belohnendere Tätigkeiten als die eigentlich notwendigen Verhaltensweisen) immer größer ist als die Präferenz für das Zielverhalten. Deshalb spricht Andreou (2007, p. 183) von „preference loops", die aufschiebendes Verhalten kennzeichnen.

Bei den eher traditionellen Ansätzen werden nach Wolters (2003) und Schouwenburg (2005) in der Forschung hauptsächlich zwei Sichtweisen vertreten, wie Prokrastination modelliert werden kann. Die eine Sichtweise nimmt an, dass aufschiebendes Verhalten das Ergebnis von mehr oder weniger stabilen Persönlichkeitseigenschaften ist, die dazu führen, dass Personen aufschiebendes Verhalten in verschiedenen Kontexten und Situationen zeigen (Lay & Silverman, 1996; Wolters, 2003, p. 179). In einer Reihe von Studien wurden entsprechende korrelative Zusammenhänge zwischen Aufschiebeverhalten und bestimmten Persönlichkeitseigenschaften nachgewiesen (siehe Kapitel 4). Hierzu gehört auch der Rückgriff auf das Big-Five-Modell (Costa & McCrae, 1985; McCrae & John, 1992), bei dem Prokrastination in engen Zusammenhang mit bestimmten Persönlichkeitsmerkmalen gebracht wird (vgl. Steel, 2007).

Die andere Sichtweise geht davon aus, dass Aufschiebeverhalten von weniger stabilen, eher durch die Situation festgelegten Einflüssen bestimmt wird. Solche kontextspezifische Faktoren können bei Personen zu Furcht vor Misserfolg, Inkompetenzgefühlen oder einer Aversivität gegenüber bestimmten Aufgaben oder Tätigkeiten führen, die eng mit aufschiebendem Verhalten verbunden sind und es fördern. Auch dafür gibt es eine Reihe von Forschungshinweisen (z. B. Milgram, Danger & Raviv, 1992).

Die Differenzierung zwischen Trait- und State-Prokrastination stellt noch keine Theorie zur Erklärung von Prokrastination im eigentlichen Sinne dar. Es können keine Wenn-dann-Beziehungen formuliert werden, sondern die Trait-State-Differenzierung hat eher den Charakter einer Beschreibung und Systematisierung auf der Basis überwiegend korrelativer empirischer Daten. Zugleich werden in der Literatur theoretische Ansätze, die sich in anderen Bereichen bewährt haben, herangezogen und in Form von Forschungshypothesen auf Prokrastination angewendet und empirisch untersucht. Dazu gehören Ansätze aus der behavioristischen und behavioristisch-kognitiven Lerntheorie sowie aus dem Bereich der psychotherapeutischen Ansätze. Andere Erklärungsansätze kommen aus dem Bereich der Motivationspsychologie (Erwartungs- mal Werttheorien) und der Volitionspsychologie (Rubikonmodell der Handlungsphasen). Welcher theoretische Ansatz von Autoren bevorzugt wird, hängt nicht zuletzt damit zusammen, aus welcher „psychologischen Schule“ die Forscher und Forscherinnen kommen, und damit, ob es primär um die Klärung des Konstrukts geht oder die Entwicklung und Durchführung möglicher Interventionsmaßnahmen im Vordergrund stehen. Eine einheitliche theoretische Modellierung des Konstrukts „Prokrastination“ liegt bislang noch nicht vor.

6.1. Behaviorale und kognitiv-behaviorale Ansätze

Der behavioristische Ansatz, der etwa seit den 1950er Jahren einen großen Einfluss auf verschiedenste Bereiche der Psychologie hatte, ist in Form der behavioristischen Lerntheorie von einigen Autoren auch auf Prokrastination angewendet worden, wobei zu sehen ist, dass die kognitive Wende in der Psychologie mit ihrem grundsätzlichen Zweifel an der Tragfähigkeit des Behaviorismus bereits eingesetzt hatte, als die Prokrastinationsforschung in den USA begann. Insbesondere die operante Verstärkungstheorie wurde herangezogen, um Aufschiebeverhalten zu erklären. Da rein verstärkungstheoretische Überlegungen (nämlich aufschiebendes Verhalten allein aufgrund von Belohnungen und Bestrafungen zu rekonstruieren) nicht ausreichen, um dem Phänomen „Aufschieben“ gerecht zu werden, wurden diese kombiniert bzw. vollständig ersetzt durch kognitiv orientierte Ansätze, die den inneren, nicht direkt beobachtbaren kognitiven Vorgängen des Individuums gerecht werden. Insbesondere Ellis und Knaus (1977) gingen von einer Reihe kognitiver Annahmen aus, die zur Entstehung und Habitualisierung von Prokrastination führen sollen. Der RET-Ansatz kann nach heutiger Sicht im Großen und Ganzen der kognitiven Verhaltenstherapie zugeordnet werden (Wilken, 1995).

Behavioristische Verstärkungstheorie

Grundlage der behavioralen und kognitiv-behavioralen Ansätze ist die behavioristische Verstärkungstheorie. Operante Konzepte der Belohnung und Bestrafung werden in Bezug auf Prokrastination untersucht. Durch das Aufschieben von Arbeiten werden Studierende kurzfristig belohnt bzw. belohnen sich selbst. Anstatt die notwendigen Lern- und Arbeitstätigkeiten auszuführen, wenden sie sich anderen Tätigkeiten und Ereignissen zu, die aktuell einen höheren Anreizwert haben. Es ist angenehmer, mit Freunden zu reden, ins Kino zu gehen oder zu telefonierten, als für die Abschlussprüfung zu lernen. Der verstärkungstheoretische Ansatz kann auch erklären, warum Studierende, die Aufgaben bis kurz vor Ablauf der Abgabefrist aufschieben, sie dann aber dennoch einigermaßen erfolgreich bewältigen, in ihrem aufschiebenden Verhalten verstärkt werden. Laut Ferrari et al. (1995, p. 26) konnten sich prokrastinierende Studierende an mehr erfolgreiche Leistungen erinnern, die „in letzter Minute" oder auf den viel zitierten „letzten Drücker" erzielt wurden, als an nicht erfolgreiche Leistungen mit negativen Konsequenzen. Dies kann das Resultat der Verstärkung sein, es ist aber auch denkbar, dass es einfache Unterschiede in der Erinnerung von Aufschiebern verglichen mit Nichtaufschiebern sind. Schließlich müssen Prokrastinierer ihr Verhalten vor sich und anderen rechtfertigen.

Auch wenn es viele Tätigkeiten gibt, die kurzfristig verstärkend wirken und somit zur Verfestigung des Aufschiebeverhaltens beitragen, ist langfristig häufig mit negativen Konsequenzen zu rechnen. Wichtige Arbeiten werden nicht fristgerecht, nur unvollständig oder gar nicht erledigt. Dies kann zu schlechten Noten bis hin zum Abbruch des Studiums führen. Dass dennoch die kurzfristigen Belohnungen als wertvoller erlebt und den langfristig höheren Belohnungen vorgezogen werden, kann mit dem Konzept des „fehlenden Belohnungsaufschubs" erklärt werden.

Im Rahmen des kognitiv-behavioralen Ansatzes kann die Bedeutung der Selbstbehinderung für Aufschieber gut erklärt werden: Prokrastination hat hier die Funktion des Selbstwertschutzes. Selbstbehinderung (self-handicapping) ist eine Bewältigungsstrategie, mit der eigenes Handeln im Falle von Misserfolg entschuldigt werden kann. Die Aufgabenbearbeitung wird aufgeschoben, sodass letztendlich eine den eigenen Zielvorstellungen genügende Leistung nicht mehr erreicht werden kann. Ferrari und Tice (2000) interpretieren Prokrastination in ihrer Studie als ein Verhaltenshandicap. Sowohl die Prokrastination als auch die Selbstbehinderung können dem Selbstschutz der Person dienen, und insofern überlappen sich die beiden Konzepte, wie bereits in Kapitel 4.2 ausgeführt wurde.

Kognitiv-verhaltenstherapeutischer Ansatz (Albert Ellis)

Ellis und Knaus haben sich im Rahmen der RET (Rational-Emotive-Therapie), die später zur REBT (Rational-Emotive-Behaviour-Therapie) erweitert wurde, mit dem Phänomen der Prokrastination auseinandergesetzt (Ellis & Knaus, 1977; Knaus, 2002) und Vorschläge für konkretes therapeutisches Vorgehen gemacht. Zunächst soll kurz Grundlegendes zum Konzept der RET – nämlich Grundannahmen und Ziele sowie die typische Vorgehensweise auch bei Selbstanwendung – vorgestellt werden. Des Weiteren werden Disputationstechniken und Strategien zur Umstrukturierung inadäquater Kognitionen vorgestellt.

Ein Kernsatz des Philosophen Epiktet (ca. 50–130 n. Chr.) in seinem „Handbüchlein der Moral und Unterredungen“ lautet:

> „Nicht die Dinge selbst beunruhigen die Menschen, sondern die Vorstellung von den Dingen.“ (Epiktet, 1996, S. 21)

Dieser Satz belegt, dass schon damals Ursachen für emotionale Probleme auf der kognitiven Ebene, also in den Gedanken der Person vermutet wurden. Dies ist eine Grundannahme der von Albert Ellis konzipierten und schließlich auch in der klinischen Psychologie fest etablierten RET. Der Entwicklung der RET ging eine lange, meist im Rahmen der Philosophie geführte Auseinandersetzung mit den emotionalen Belastungen des Menschen voraus. Die Psychotherapie machte sich den Denkansatz der Stoiker zu eigen und entwickelte darauf basierend Methoden, um selbstschädigende Gedanken und daraus resultierende psychische Probleme zu diagnostizieren und zu behandeln (Stavemann, 1995, S. 7). Zentral geht es dabei um die Untersuchung, Aufdeckung und Behandlung sogenannter irrationaler Gedanken, die eine Person über sich und über andere hat und die häufig zu emotionalen Belastungen führen (vgl. Kessler, 1994).

Nach Stavemann (1995) können die Begriffe „RET“ und „Kognitive Verhaltenstherapie“ fast synonym gebraucht werden. Zwar unterscheiden sich die beiden Therapieformen in einigen Hypothesen und Methoden, doch im zentralen Therapieansatz gleichen sie sich (Kessler, 1994, S. 1106). Basis für das Verständnis der RET ist, dass beim Klienten ein Wille zur Eigenverantwortlichkeit vorausgesetzt wird. Er ist als Appell an den emotional belasteten Klienten zu verstehen, sich selbstständig oder, wenn das nicht geht, mit Hilfe eines Therapeuten auf den von der RET aufgezeigten Lösungsweg zu begeben. In der Praxis geht es in erster Linie um die Diagnose und Reduzierung bzw. Beseitigung emotionaler Probleme. Diese Probleme basieren auf Denkmustern wie den sogenannten Mussvorstellungen. In der Fachliteratur werden auch Begriffe wie „automatische Gedanken“ und „Gedankenfehler“ mehr oder weniger synonym verwendet. Mussvorstellungen können ein absoluter Perfektionismus, ein permanentes Katastrophendenken oder auch eine niedrige Frustrationstoleranz sein (Kessler, 1994, S. 1109). Als Ursache für emotionale Störungen macht Ellis „zeitgenössische Irrationalismen“, also unangemessene Gedanken bei einer Person verantwortlich. Nach Kessler (1994) wird das Verfahren der RET zur Restrukturierung dieser Kognitionen eingesetzt. Dazu wird unter anderem ein „rationaler Disput" zwischen Therapeut und Klient durchgeführt.

Vorgehensweise: Inhalt und Aussage des ABC-Modells der Gefühle

Mit dem ABC-Modell können emotionale Turbulenzen, die psychische Störungen hervorrufen, bewusst gemacht werden. Das Modell bietet auf verständliche Art eine Erklärung für die Herkunft emotionaler Probleme. Es wird anhand dieser Theorie relativ schnell deutlich, wie Gefühle in ihren Grundzügen zustande kommen (s. Abb. 2).

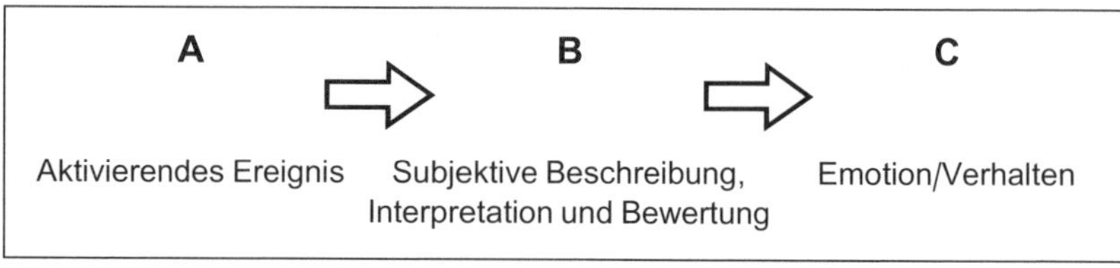

Abb. 2: Das ABC-Modell

Die Grundannahme der Theorie besagt: Nicht die aktuelle Situation (A) bestimmt die Gefühle und die Verhaltenskonsequenz (C), sondern das Bewertungssystem (B) der Person (vgl. hierzu das Zitat von Epiktet). Ursache für die Wahrnehmung einer bestimmten Situation A (activation event) ist die biologische und physiologische Fähigkeit, auf Umweltreize zu reagieren, die im Gehirn verarbeitet werden. Menschen können bestimmte Situationen aufgrund von persönlichen Erfahrungen ganz unterschiedlich interpretieren. Weiter geht man von der Annahme aus, dass Menschen „von Natur aus" permanent Situationen und Begebenheiten interpretieren und bewerten.

Die aktuell von einer Person wahrgenommene Situation A ist Grundlage und Resultat des Bewertungssystems B (belief). B bezeichnet nach Ellis Bewertungen, Interpretationen, Verarbeitungen oder bildliche Vorstellungen von A, die in Form eines inneren Dialoges ausgedrückt werden. Dieser Dialog wird meist nicht bewusst wahrgenommen und soll in der Therapie aufgespürt werden. Nach Ellis sind hierbei angemessene (rational, reasonable, realistic belief, rB), genauso wie auch unangemessene (irrational, inappropriate belief, iB) Bewertungen möglich (vgl. Schmitt, 1996). Daraus folgend kommt es dann zur Bildung einer Gefühls- und Verhaltenskonsequenz C. Das Bewertungssystem umfasst alle gedanklichen Vorgänge, die zum Zeitpunkt A auftreten, seien sie bewusst oder unbewusst. Dazu gehören das Erinnern, Verarbeiten, Schlussfolgern, Prognostizieren, Spekulieren und (vor allem) Bewerten von Situationen, Personen oder Sachen (Stavemann, 1995, S. 36). Stavemann unterteilt B somit in drei unterschiedliche Bs (B1, B2, B3).

- B1 steht für die *subjektive Beschreibung* einer augenblicklichen Situation A.
- B2 beschreibt die *Interpretation* und vermuteten Konsequenzen von A, die die Person für möglich erachtet.
- B3 ist die ganz persönliche, *individuelle Beurteilung* der Situation A und stellt somit die eigentliche Bewertung dar (Stavemann, 1995, S. 34ff.).

Die Gefühls- und Verhaltenskonsequenzen C (consequences) stehen als unmittelbare Folge von B mit dem Bewertungssystem in engem Zusammenhang.

Im Rahmen der RET wird dem Klienten vermittelt, dass er auf seine Gefühle und Handlungen Einfluss nehmen kann, indem er auf seine Bewertungen achtet bzw. diese verändert. Um unangemessene Bewertungen durch angemessenere Alternativen zu ersetzen, wird das ABC-Modell erweitert um die Punkte D (disputing – Diskussion unangemessener Bewertungen) und E (effect = Effekt dieser Diskussion auf die Kognition, also auf C1 und auf das Verhalten C2) ergänzt (Schmitt, 1996, S. 20).

Irrationale Ideen, Ursachen für psychische Störungen

Der zentrale Punkt des ABC-Modells liegt in der Bewusstmachung bzw. Bewusstwerdung, dass nicht das aktivierende Ereignis A die Gefühlswelt und das Verhalten beeinflusst, sondern einzig und allein unser Bewertungssystem B. Nach Ellis sind Irrationalismen die Ursache der emotionalen und psychischen Belastung von Menschen.

In dem Bewertungssystem einer Person sind sehr viele Irrationalismen verankert, die aus der familiären Erziehung stammen oder durch Institutionen vermittelt wurden. Ellis versuchte mit seinem Ansatz, zeitgenössische Irrationalismen ausfindig zu machen, um diese dann als Basissteine des Bewertungssystems festzulegen bzw. zu erkennen. Er geht weiter davon aus, dass Menschen die Existenz dieser Irrationalismen, die in bestimmten Situationen wirksam werden, meist nicht bewusst ist. Die sogenannten unangemessenen Ideologien werden unterschiedlich eingeteilt. Ellis nennt zehn Irrationalismen, die beispielhaft die Relevanz von unangemessenen Bewertungen verdeutlichen (vgl. Ellis, 1993, 54ff.).

- *Erste Ideologie*: Die erste Ideologie beinhaltet „die Meinung, es sei für jeden Menschen absolut notwendig, von praktisch jeder anderen Person in seinem Umfeld geliebt oder anerkannt zu werden" (Ellis, 1993, S. 55). Die Person fürchtet sich vor Zurückweisung und Missbilligung anderer Menschen, begibt sich teilweise in Abhängigkeit und ist fremdbestimmt und beeinflussbar (Schmitt, 1996, S. 33). Sie fürchtet sich davor, von Menschen, die ihr etwas bedeuten, Ablehnung zu erfahren, und kann diesen Zustand nicht ertragen.

- *Zweite Ideologie*: Diese bezieht sich auf das Leistungsstreben einer Person. In Gedanken sind nur diejenigen Personen etwas wert, die in allen Bereichen des Lebens kompetent und leistungsfähig sind. Die Person hat Versagensangst und vermindert durch diesen Zustand ihre Leistungsfähigkeit. Personen, die Gedanken der ersten beiden Ideologien aufweisen, wollen durch Leistungen Anerkennung und Liebe gewinnen, was häufig zur Aufgabe der eigenen Lebensziele führt (Stavemann, 1995, S. 104).
- *Dritte Ideologie*: Damit ist die Idee gemeint, dass bestimmte Menschen, die böse oder schlecht sind, ganz pauschal bestraft werden müssen. Der Klient bewertet Menschen aufgrund einer „bösen" Handlung und empfindet Rachegefühle. Er ist nicht in der Lage, seine Haltung zu differenzieren, und lässt ferner die Komplexität menschlichen Handelns außer Acht. Das Gleiche geschieht laut Stavemann auch mit positiven Bewertungen, die unangemessen generalisiert und nicht zielorientiert sind. Eine wünschenswerte objektive Beurteilung ist wegen der Pauschalisierung nicht möglich.
- *Vierte Ideologie*: Sie bezieht sich auf unangemessene Überzeugungen, nämlich „die Vorstellung, dass es schrecklich und katastrophal ist, wenn die Dinge nicht so sind, wie man sie gerne haben möchte" (Ellis, 1993, S. 61). Diesen Personen könnte es helfen, wenn sie sich in den Sinn rufen würden, dass die Situation zwar bedauerlich ist, es aber nicht hilfreich ist, sich permanent darüber aufzuregen. Die Umstände sind zwar unerfreulich, aber nicht aussichtslos oder katastrophal, und man kann mit dieser Situation leben. „Katastrophendenker" dramatisieren die Lage und verfallen stattdessen in Frustration und Depressionen und sind dann kaum mehr in der Lage, irgendeinen notwendigen Veränderungsprozess einzuleiten.
- *Fünfte Ideologie*: Sie basiert auf der Meinung, dass das Individuum keinen Einfluss auf Umstände nehmen kann, die von außen kommen und emotionale Probleme hervorrufen. Der Klient fühlt sich, als ob er die Kontrolle über seine Emotionen verloren hat, obgleich es doch seine ganz individuellen Bewertungen sind, die seine Emotionen steuern.

- *Sechste Ideologie*: Sie beinhaltet Gedanken der Person, die ständige Sorgen und Gefahren (tatsächliche oder eingebildete) bezüglich bestimmter Sachverhalte zum Inhalt haben. Ihnen mangelt es an der Differenzierung zwischen einer realen Gefahr oder Bedrohung und subjektiver Übertreibung. Diese Menschen sind innerlich gelähmt durch eine überängstliche Lebenseinstellung. Sie entwickeln „Gedankenschleifen", die sie an nichts anderes als ihre Sorgen denken lassen.
- *Siebte Ideologie*: Die siebte Ideologie beinhaltet „die Meinung, es sei leichter, bestimmten Schwierigkeiten auszuweichen, als sich ihnen zu stellen" (Ellis, 1993, S. 68). Dahinter verbirgt sich die Vorstellung, dass Aufgaben und Tätigkeiten „leichtfallen" und einem „liegen" sollten. Problematisch hierbei ist in erster Linie die Passivität des Individuums, das eigenes zielorientiertes Handeln ablehnt und seine stark hedonistische Lebensphilosophie verfolgt (Schmitt, 1996, S. 39ff.). Diese Denkfalle führt zu plagenden Gedankenschleifen, Unentschlossenheit und Selbstquälerei. Das Individuum verbraucht dafür viel Zeit, was wiederum zu Stressempfinden führt.
- *Achte Ideologie*: Sie besteht darin, dass das Individuum auf jeden Fall andere Menschen oder eine „höhere Macht" benötigt, auf die es sich stützen und verlassen kann. Nach Ellis muss aber danach unterschieden werden, ob es sich um zeitweilig benötigte Ratschläge oder die unangemessene Vorstellung handelt, dass man permanent Hilfe zur eigentlichen Lebensbewältigung benötigt. Ratschläge dürfen selbstverständlich angenommen werden, wenn es sich um solche zur Erfüllung von Lebenszielen handelt (Ellis, 1993, S. 70f.).
- *Neunte Ideologie*: Das Individuum ist davon überzeugt, dass seine persönlichen Lebensumstände der eigentliche Grund dafür sind, warum es sich nicht ändern kann. Persönliche Erinnerungen und Erfahrungen, die in der Vergangenheit liegen, sind so stark, dass sie nicht überwunden werden können und somit ein eigenständiges Denken verhindern. Ellis sieht hier eine Ursache für die Verweigerung des Klienten bei der therapeutischen Arbeit (Ellis, 1993, S. 72f.).
- *Zehnte Ideologie*: Diese Ideologie ist zweigeteilt und besteht erstens aus dem Gedanken, dass es für jedes Problem genau eine perfekte Lösung gibt. Zweitens muss die perfekte Lösung auf jeden Fall gefunden werden, da das Problem nur damit gelöst werden kann. Alle anderen möglichen Lösungen führen zur Katastrophe. Es kann zu aggressiven Handlungen kommen, wenn eine andere Person ein Problem löst, ohne auf die als perfekt angesehene Lösung zurückzugreifen (Ellis, 1993, S. 74ff.).

Als Erklärung für aufschiebendes Verhalten sind vor allem die Ideologien zwei (Versagensangst, die häufig aus Perfektionismusansprüchen resultiert), vier (Katastrophendenken) und sieben (hedonistische Lebenseinstellung) von Bedeutung (Ellis & Knaus, 1977; Knaus, 2002; Steel, 2007, p. 68). So konnte Harrington (2005) belegen, dass geringe Frustrationstoleranz (s. siebte Ideologie) ein bedeutsamer Prädiktor für Prokrastination ist. Wie Rückert (2011) in seinem Buch an einer Reihe von Beispielen aufzeigt, können auch die anderen Ideologien dazu beitragen, dass aufschiebendes Verhalten verstärkt wird und sich als Konsequenz negative emotionale Reaktionen einstellen.

6.2. Das Big-Five-Modell der Persönlichkeit (Paul T. Costa & Robert R. McCrae)

Geht man – wie in vielen Studien – implizit oder explizit davon aus, dass Aufschiebeverhalten als eine Art Persönlichkeitseigenschaft angesehen werden kann und situationale Einflüsse weitgehend in den Hintergrund treten bzw. kaum eine Rolle spielen, liegt es nahe, auf eine gut etablierte Persönlichkeitstheorie zurückzugreifen, um somit aufschiebendes Verhalten anhand eines bestimmten Persönlichkeitsprofils näher bestimmen zu können. Ausgehend von dieser Überlegung, verwenden verschiedene Autoren (van Eerde, 2003, 2004; Johnson & Bloom, 1995; Steel, 2007; Watson, 2001) das sogenannte Fünf-Faktoren-Modell, auch Big-Five-Modell der Persönlichkeit genannt (Costa & McCrae, 1985; McCrae & John, 1992; Pervin, Cervone & Oliver, 2005), als nomologisches Netzwerk bzw. als Interpretationsrahmen für die Ergebnisse ihrer empirischen Studien (vgl. Johnson & Bloom, 1995; Watson, 2001) oder ihrer Metaanalysen (van Eerde, 2004; Steel, 2007).

Wie bereits oben bei der Diskussion zur konzeptionellen Unterscheidung von Prokrastination als Trait- und State-Merkmal kurz ausgeführt, gehen Forscher und Forscherinnen von unterschiedlichen psychologischen Paradigmen der Verhaltenserklärung aus (Rustemeyer, 2003, S. 3ff.). Das sogenannte „Eigenschaftsparadigma" entspricht am ehesten unseren Alltagserklärungen und nimmt an, dass Personen Eigenschaften besitzen, die zumindest mittelfristig gesehen relativ stabil sind, auch wenn sie sich langfristig sehr wohl verändern können. Diese personenspezifischen Eigenschaften legen weitgehend die Verhaltensweisen und Handlungen von Personen über verschiedene Situationen und Zeitpunkte hinweg fest. Da Personen nach dieser Auffassung typische Eigenschaftsprofile besitzen können (wie

z. B. das Profil eines Neurotikers), können sie anhand des ermittelten Profils und der damit einhergehenden Verhaltensweisen von anderen Personen bzw. Personengruppen unterschieden werden.

Die Annahme von Prokrastination als einem relativ stabilen, überdauernden Trait-Merkmal entspricht dem eigenschaftstheoretischen Ansatz, während Prokrastination als State-Merkmal dem situationistischen bzw. interaktionistischen Paradigma zuzuordnen ist, bei dem Wechselwirkungen zwischen Personen- und Situationsmerkmalen berücksichtigt werden (siehe dazu Rustemeyer, 2003). Auch das Big-Five-Modell der Persönlichkeit, ein aktuelles, prominentes Forschungsprogramm der Differentiellen Psychologie, basiert in seinen Grundannahmen auf dem eigenschaftstheoretischen Ansatz. Es handelt sich um ein empirisch gestütztes Modell der Persönlichkeitswesenszüge. Anhänger dieses Modells gehen davon aus, dass die grundlegenden Dimensionen der Persönlichkeit durch fünf Faktoren repräsentiert sind (McCrae & John, 1992, p. 176).

Bevor nun eine empirisch gestützte Zuordnung des Aufschiebeverhaltens (trait) zu den grundlegenden Persönlichkeitsfaktoren erfolgt, soll zunächst ein kurzer Überblick über das Big-Five-Modell gegeben werden, damit ein besserer Vergleich der Ergebnisse der einzelnen Autoren, die auf dieses Persönlichkeitsmodell zurückgreifen, möglich ist.

Annahmen und Entwicklung des Big-Five-Modells

Die fünf Faktoren des Big-Five-Modells wurden auf der Basis eines lexikalisch begründeten Faktorenmodells extrahiert. Diesem lexikalischen Ansatz liegt die Annahme zugrunde, dass sich zentrale Persönlichkeitsmerkmale in der Sprache niederschlagen und beschreiben lassen. Auf der Grundlage dieses Modells entwickelten Costa und McCrae (1985) einen Persönlichkeitstest, genannt NEO-Fünf-Faktoren-Inventar (NEO-FFI). Im Jahre 1992 wurde der Test überarbeitet und als NEO-PI-R publiziert (Costa & McCrae, 1992). Der Test ist international gebräuchlich; die jeweiligen deutschen Fassungen wurde von Borkenau und Ostendorf (1993) und Ostendorf und Angleitner (2004) herausgegeben. „NEO“ ist ein Akronym der Anfangsbuchstaben von drei Persönlichkeitsfaktoren: Neurotizismus (N), Extraversion (E), Offenheit (O). Untersuchungen konnten in der Tat belegen, dass sich die Big-Five-Faktoren in verschiedenen Sprachräumen (u. a. im englischen, im deutschen oder niederländischen Sprachraum) reproduzieren lassen. Die Bezeichnung „die großen Fünf“ verweist darauf, dass unter jedem der fünf großen Faktoren oder Persönlichkeitsdimensionen eine Anzahl speziellerer Facetten oder Wesenszüge zusammengefasst ist. Neben den drei oben genannten Faktoren gibt es noch soziale Verträglichkeit (agreeableness) und Gewissenhaftigkeit (conscientiousness). Die einzelnen Faktoren können, angelehnt an den Persönlichkeitsfragebogen von Costa und McCrae (1992; vgl. Pervin et al., 2005), auf fünf bipolaren Dimensionen charakterisiert werden, wie auch die nachfolgende Beschreibung zeigt.

1. *Neurotizismus (Neuroticism)*: Diese Persönlichkeitsdimension beschreibt emotionale Stabilität (Anpassung) in Abgrenzung zur emotionalen Labilität. Diese Dimension spiegelt individuelle Unterschiede in der emotionalen Stabilität der Person wider. Hohe Neurotizismuswerte zeigen eine geringe emotionale Stabilität an, was bedeutet, dass diese Personen zu „psychischem Leid, unrealistischen Ideen neigen" und zu „schlecht angepassten Reaktionen oder Bewältigungsmechanismen" (Pervin et al., 2005, S. 322). Die einzelnen Facetten des Neurotizismus sind: anxiety (Ängstlichkeit), angry hostility (Reizbarkeit), depression (Depression), self-consciousness (soziale Befangenheit), impulsiveness (Impulsivität), vulnerability (Verletzlichkeit) (vgl. hierzu Ostendorf & Angleitner, 2003). Ein hoher Punktwert im Persönlichkeitsfragebogen von Costa und McCrae (1992) weist auf folgende Merkmale hin: besorgt, nervös, unsicher, gehemmt, stressanfällig, leicht verletzlich, während ein niedriger Punktwert die Person beschreibt als: entspannt, gelassen, leidenschaftslos, unerschrocken, furchtlos, stabil und stressresistent. Vor allem Eigenschaftsmerkmale wie Nervosität, Stressanfälligkeit und Wehleidigkeit sind laut Steel (2007, p. 68) besonders für Prokrastination relevant.
2. *Extraversion (Extraversion)*: Diese Persönlichkeitsdimension „bewertet Quantität und Intensität zwischenmenschlicher Interaktionen, des Aktivitätsniveaus, des Bedürfnisses nach Stimulation und der Fähigkeit sich zu freuen" (Pervin et al., 2005, S. 322). Die einzelnen Facetten lauten: warmth (Herzlichkeit), gregariousness (Geselligkeit), assertiveness (Durchsetzungsfähigkeit), activity (Aktivität), excitement-seeking (Erlebnishunger), positive emotions (Frohsinn). Ein hoher Punktwert im Persönlichkeitsfragebogen von Costa und McCrae (1992) charakterisiert eine Person als freundlich, herzlich, gesellig, aktiv, lebhaft, risikofreudig, entscheidungsfreudig, optimistisch, während ein niedriger Punktwert sie als langsam, vorsichtig, reserviert, nüchtern, kühl, unentschlossen beschreibt (vgl. Ostendorf & Angleitner, 2003). Da extravertierte Personen häufig auch als impulsiv beschrieben werden, weil die Teilfacetten „Aktivität" und „Erlebnishunger" bei hoher Ausprägung der Impulsivi-

tät ähnlich sind, ist der Faktor „Extraversion" mit dem Aspekt der Impulsivität ebenfalls für Prokrastination relevant (Steel, 2007, p. 68).

3. *Offenheit (openness)*: Diese Persönlichkeitsdimension beinhaltet die „Suche nach und Wertschätzung von neuen Erfahrungen um ihrer selbst willen" (Pervin et al., 2005, S. 322). Ein hoher Punktwert im Persönlichkeitsfragebogen von Costa und McCrae (1992) bedeutet, dass sich eine Person durch folgende Merkmale auszeichnet: neugierig, breit gefächerte Interessen, kreativ, originell, einfallsreich, unkonventionell, während ein niedriger Punktwert ihr folgende Merkmale attestiert: konventionell, bodenständig, einseitige Interessen, nicht künstlerisch veranlagt, nicht analytisch (Pervin et al., 2005). McCrae beschreibt diese Persönlichkeitsdimension folgendermaßen: „Openness is a broad and general dimension, seen in vivid fantasy, artistic sensitivity, depth of feeling, behavioral flexibility, intellectual curiosity, and unconventional attitudes" (McCrea, 1996, zitiert nach Steel, 2007, S. 69). Von den Big-Five-Persönlichkeitseigenschaften weist „Offenheit für Neues" laut Beier und Ackermann (2001) den stärksten Zusammenhang mit Intelligenz und schulischer Begabung auf. Mit Prokrastination dagegen steht der Big-Five-Faktor „Offenheit" nach Steel (2007) in keinem Zusammenhang.
4. *Verträglichkeit (agreeableness)*: Die Persönlichkeitsdimension „Verträglichkeit" oder auch „Liebenswürdigkeit" genannt „bewertet die Qualität der zwischenmenschlichen Orientierung nach einem Kontinuum, das von Mitgefühl bis Antagonismus reicht". Ein hoher Punktwert im Persönlichkeitsfragebogen von Costa und McCrae (1992) weist auf folgende Merkmale einer Person hin: Sie ist weichherzig, gutmütig, vertrauensvoll, hilfsbereit, leichtgläubig, versöhnlich, aufrichtig. Ein niedriger Punktwert beschreibt sie als zynisch, unhöflich, misstrauisch, unkooperativ, rachsüchtig, rücksichtslos, reizbar (Pervin et al., 2005, S. 322). Nach Steel (2007, p. 69) kann eine geringe Ausprägung von Verträglichkeit zu Prokrastination führen, da diese Personen dazu neigen, gegen Vorgaben, Termine etc. zu opponieren.
5. *Gewissenhaftigkeit (conscientiousness)*: Diese Persönlichkeitsdimension beinhaltet „das Maß an Organisation, Ausdauer und Motivation beim zielgerichteten Handeln. Sie spiegelt den Kontrast zwischen zuverlässigen, anspruchsvollen Personen und nachlässigen und schlampigen Personen wider" (Pervin et al., 2005, S. 322). Die Facetten von Gewissenhaftigkeit sind: competence (Kompetenz), order (Ordnungsliebe), dutifulness (Pflichtbewusstsein), achievement striving (Leistungsstreben), self-discipline (Selbstdisziplin), deliberation (Besonnenheit). Ein hoher

Punktwert im Persönlichkeitsfragebogen von Costa und McCrae (1992) weist auf folgende Merkmale der Person hin: kompetent, umsichtig, organisiert, verantwortungsbewusst, zuverlässig, zielstrebig, diszipliniert, besonnen. Ein niedriger Punktwert beschreibt die Person als: inkompetent, planlos, unordentlich, unzuverlässig, faul, unmotiviert, undiszipliniert, nachlässig, willensschwach, unreflektiert (vgl. Ostendorf & Angleitner, 2003). Nach Steel (2007) kann die selbstdisziplinierte, gewissenhafte Organisation der Abschirmung ablenkender Reize aufschiebendes Verhalten der Person deutlich vermindern. Scher und Ostermann (2002) vermuten sogar, dass Gewissenhaftigkeit und Prokrastination lediglich verschiedene Aspekte eines gemeinsamen Konstrukts sind.

Anwendung auf das Aufschiebeverhalten

Verschiedene Autoren (van Eerde, 2004; Johnson & Bloom, 1995; Milgram & Tenne, 2000; Schouwenburg & Lay, 1995; Schouwenburg, 1995; Steel, 2007; Watson, 2001) haben die Frage gestellt, ob Aufschieber ein Profil zeigen, das mit einem oder mehreren Faktoren des Big-Five-Modells übereinstimmt.

In der Studie von Johnson und Bloom (1995) bearbeiteten 202 Studierende den revidierten Neo Personality Inventory (NEO-PR-R) von Costa und McCrae (1992) und den Prokrastinationsfragebogen API von Aitken (1982). In einer multiplen Regressionsanalyse erweisen sich die beiden Faktoren „Gewissenhaftigkeit“ und „Neurotizismus“ als bedeutsam, während für die anderen Big-Five-Faktoren kein signifikanter korrelativer Zusammenhang mit Prokrastination nachweisbar ist. Die Autoren berichten weiter, dass der Mangel an Selbstdisziplin (Teilfacette des Faktors „Gewissenhaftigkeit“) und Impulsivität (Teilfacette des Faktors „Neurotizismus“) die meiste Varianz in der Regressionsanalyse aufklären kann.

Ähnliche Befunde berichten auch Schouwenburg und Lay (1995). Die Autoren ließen 352 Studierende mit dem NEO-PR-R und der Allgemeinen Prokrastinationsskala (GP von Lay, 1986), die für Studierende angepasst wurde, bearbeiten. Sie korrelierten dann Prokrastination mit den fünf Faktoren einschließlich der Teilfacetten des Big-Five-Modells und konnten zeigen, dass die Eigenschaft „Prokrastination“ (trait) am stärksten mit einem Mangel an Gewissenhaftigkeit in Zusammenhang steht. Weiter gibt es hohe Korrelationen zu allen Teilfacetten. Es existiert auch ein weniger aussagekräftiger korrelativer Zusammenhang zwischen Prokrastination und dem Neurotizismusfaktor, der vor allem auf die Teilfacette „Impulsivität“ zurückzuführen ist.

Watson (2001) untersuchte in einer Studie 349 Studenten mit dem NEO-PR-R (Costa & McCrae, 1992) und dem Prokrastinationsfragebogen für Studenten (PASS von Solomon und Rothblum, 1984). Der Autor berichtet ebenfalls Korrelationen zwischen Prokrastination und den beiden Big-Five-Hauptfaktoren „Neurotizismus“ (mit der Teilfacette „Impulsivität“) und „Gewissenhaftigkeit“, wobei in seiner Studie ebenfalls alle Teilfacetten mit Prokrastination korrelieren. Bei Watson (2001) erweist sich (geringe) Gewissenhaftigkeit als stärkste Komponente von Prokrastination und (fehlende) Selbstdisziplin als stärkste Teilfacette des Faktors „Gewissenhaftigkeit“. Neurotizismus steht ebenfalls, wenn auch nicht so deutlich, mit Prokrastination in Verbindung. Hier hat wiederum die Teilfacette „Impulsivität“ einen deutlichen Einfluss. Es zeigen sich aber beispielsweise auch Zusammenhänge mit der Teilfacette „Depression“.

Einen signifikanten Zusammenhang zwischen Prokrastination (erfasst mit selbst entwickelten Instrumenten) und den beiden Faktoren „Neurotizismus“ und „Gewissenhaftigkeit“, erfasst mit dem NEO-PR-R von Costa und McCrae (1992), können auch Milgram und Tenne (2000) nachweisen.

Van Eerde (2004, p. 32) wählte das statistisch-methodische Verfahren der Metaanalyse, in die insgesamt 41 Artikel eingehen. Die Effektgröße für den Faktor „Neurotizismus“ beträgt $r = .26$, vor allem die Teilfacetten „Angst“, „Depression“ und insbesondere „Impulsivität“ ($r = .35$) erweisen sich als bedeutsam. Die stärkste Effektgröße kann van Eerde jedoch für den Faktor „Gewissenhaftigkeit“ ($r = -.65$) nachweisen, wobei alle sechs Teilfacetten in Bezug auf Prokrastination relevant sind (van Eerde, 2004, Tab. 3.1). Die Ergebnisse der anderen Faktoren sind weitgehend unbedeutend. Van Eerde (2004, p. 36) fasst die Ergebnisse wie folgt zusammen: „When all results are combined, a profile arises of a certain type of student. This student is not conscientious, somewhat neurotic, has a lively fantasy life, and is slightly introverted and unsociable.“

Die umfangreichste Metaanalyse mit insgesamt 216 Studien wurde von Steel (2007) durchgeführt. Er gibt an, dass er insgesamt 691 Korrelationen ausgewertet habe. Die in die Analyse einbezogenen Studien sind breit gestreut; so berichtet der Autor, dass neben quantitativen auch qualitative Studien in die Verrechnung eingingen. Steel wählt ebenfalls das Big-Five-Modell als Strukturierungsansatz, um die Ergebnisse zum Aufschiebeverhalten mit den zentralen Persönlichkeitseigenschaften in Zusammenhang zu bringen und innerhalb eines nomologischen Netzwerkes einordnen zu können. Bezüglich des methodischen Vorgehens ist zu berücksichtigen, dass bei Weitem nicht in allen Studien der Big-Five-Fragebogen verwendet wurde. So nimmt Steel (2007) Arbeiten in die Metaanalyse auf, in denen Korrelationen von Prokrastinationsfragebogen mit Fragebogen berichtet werden, die Merkmale erfassen, die sehr weit interpretiert als Teilfacetten des Big-Five-Modells angesehen werden können, wie z.B. Leistungsangst, Selbstwirksamkeit etc. (vgl. etwa die in die Metaanalyse aufgenommenen Studien von Helmke & Schrader, 2000; Schwarzer & Jerusalem, 2001). Aus diesen so ermittelten Variablen werden verschiedene Cluster gebildet, die unten näher beschrieben werden. Aufgrund dieser speziellen methodischen Vorgehensweise werden den klassischen Big-Five-Faktoren teilweise andere bzw. neue Merkmale zugeordnet. Beispielsweise taucht die Variable „Selbstbehinderung" (self-handicapping) beim Cluster „Neurotizismus" auf.

Da sich auch bei Steel (2007) trotz methodischer Zugangsweise, die sich deutlich von den vorher genannten Arbeiten unterscheidet, der Big-Five-Faktor „Gewissenhaftigkeit" und eingeschränkt auch der Faktor „Neurotizismus" als bedeutsam für aufschiebendes Verhalten herausstellen, soll kurz erläutert werden, wie sich diese beiden Cluster inhaltlich zusammensetzen.

Dem Cluster *Neurotizismus* mit darauf bezogenen Eigenschaften ordnet Steel (2007, p. 76, Tab. 3) die Variablen „irrationale Wahrnehmungen", einschließlich „Furcht vor Misserfolg", und „Perfektionismus" (vgl. Ellis & Knaus, 1977), (geringe) „Selbstwirksamkeit" und (geringes) „Selbstwertgefühl" (vgl. Bandura, 1997; Ellis & Knaus, 1977), „Selbstbehinderung" (vgl. Jones & Berglas, 1978; Rhodewalt, 1990) und „Depression" zu.

Das Cluster *Gewissenhaftigkeit* wird durch die Merkmale „Selbstkontrolle bzw. Selbstdisziplin", „Ablenkbarkeit", „Organisation (Planung)" und „Leistungsmotivation" charakterisiert. Hinzu kommt noch die Variable „Abstand zwischen Intention und Aktion" (Steel, 2007, p. 78, Tab. 5). Hohe Ablenkbarkeit, schlechte Organisation, geringe Leistungsmotivation und ein großer Abstand zwischen Intention und Aktion der Person repräsentieren eine gering ausgeprägte Gewissenhaftigkeit oder auch das Versagen der Selbstregulation.

Sowohl Steel (2007, p. 68f.) als auch Schouwenburg (1995, p. 76ff.) stellen aufgrund ihrer empirischen Befunde interpretative Überlegungen zum Zusammenhang zwischen Prokrastination und den Big-Five-Persönlichkeitsdimensionen mit ihren assoziierten Merkmalen an. *Neurotizismus* ist (laut Steel, 2007) für Aufschieber deshalb ein bedeutsames Merkmal, weil Personen, die anfällig für Stress sind, leichter Aufgaben aufschieben, die ihnen unangenehm sind. Bei ihnen dürfte vermutlich auch eine höhere Aufgabenaversivität (task aversiveness), also die Abneigung gegenüber einer Aufgabe, zu finden sein, was sich allerdings bei Schouwenburg (1995, p. 78) nur eingeschränkt bestätigt. Bei ihm hängt Aufgabenaversivität stärker mit dem Faktor „Gewissenhaftigkeit" zusammen. Unter den Sammelbegriff „Neurotizismus" fallen auch irrationale Überzeugungen, die unangemessene und angstauslösende Anschauungen beinhalten. Diese können bei den Betroffenen dazu führen, dass logische Bewertungen von Situationen erschwert werden. Entweder fühlen sich Personen mit einem hohen Neurotizismuswert zu wenig geeignet für bestimmte Aufgaben, oder sie empfinden die Aufgaben als zu schwer, gemessen an ihren persönlichen Fähigkeiten. Aus ebendiesen Überzeugungen heraus entsteht Versagensangst (wie die Angst vor Misserfolg), die die Personen daran hindert, Aufgaben anzugehen, da ein tatsächliches Versagen die eigene Unfähigkeit bestätigen würde. Diese irrationalen Überzeugungen gehen dann oft mit einer niedrigen Selbstwirksamkeitsüberzeugung einher. Wenn schon der bloße Gedanke an eine Aufgabe bei einer Person Angst auslöst und die Erwartung besteht, diese Aufgabe nicht lösen zu können, beginnt die Person lieber gleich eine andere Aufgabe (vgl. Steel, 2007, p. 68).

Wenn Neurotizismus stark durch Leistungsangst, Furcht vor Misserfolg und Versagensangst bestimmt ist, wird nach Ellis und Knaus (1977) das Gefühl niedriger Selbstwirksamkeit mit niedriger Selbstachtung in Verbindung gebracht. Anstatt sich auf die Aufgabe zu konzentrieren, konzentriert sich die Person auf ihre negativen Emotionen und versucht, diese durch Selbstbehinderung, eine bestimmte Form der gestörten Selbstregulation, zu regulieren. Bei der Selbstbehinderung legen sich Personen selbst Steine in den Weg und hindern sich somit daran, eine Aufgabe gut zu erledigen (Jones & Berglas, 1978). Sinn und Zweck der Selbstbehinderung liegt darin, dass die Selbstachtung geschützt wird, indem äußere Gründe für ein mögliches Scheitern vorgeschoben werden. Eine solche Person, die versucht, Informationen über sich selbst und über ihre Handlungen zu vertuschen, hat nach Steel (2007, p. 69) eine extrem unsichere Identität. Depression, Niedergeschlagenheit, Leistungsschwäche, Hilflosigkeit und Pessimismus sind ebenso Gemütszustände, die dem Neurotizismus zugeordnet sind und mit niedriger Selbstachtung und Selbstwirksamkeit einhergehen. Nach Beck (1993) kommt eine Depression aufgrund einer unvernünftigen Denkweise bzw. irrationalen Selbsteinschätzung zustande. Somit lässt sich folgern, dass ein enger Zusammenhang zwischen dem schlechten Selbstbild und einer pessimistischen Einstellung besteht. Ein Zusammentreffen von Niedergeschlagenheit, niedriger Selbsteinschätzung, Versagensangst und einem Gefühl, die Situation nicht oder nur wenig beeinflussen zu können, kann somit zu Aufschiebeverhalten führen.

Der zweite bestimmende Faktor für Prokrastination ist (fehlende) *Gewissenhaftigkeit*. Sie ist nach Schouwenburg (1995) eng verbunden mit Prokrastination (trait) und auch dem situationsbezogenen aufschiebenden Verhalten. Typischerweise sollte Prokrastination mit Unkonzentriertheit, geringer Organisationsfähigkeit, niedriger Leistungsmotivation und einem großen Abstand zwischen der Absicht zur Handlung und der Durchführung assoziiert sein. Der Zusammenhang zwischen dem Faktor „Gewissenhaftigkeit" mit allen Teilfacetten des Big-Five-Modells ist in fast allen Studien bestätigt worden. Bei Steel (2007) kommt noch die (fehlende) Aufmerksamkeit/Ablenkbarkeit hinzu, die in vielen Theorien als mögliche Ursache für Prokrastination gesehen wird. Eine gewissenhafte Organisation und eine gelungene Abschirmung gegen ablenkende Reize können Prokrastination vermindern, wie u.a. von Kuhl herausgearbeitet wurde. Die fehlende Selbstdisziplin zeigte einen sehr engen korrelativen Zusammenhang zu Prokrastination und ist eine bedeutende, wenn nicht sogar die wichtigste Facette des Faktors „Gewissenhaftigkeit".

Das Cluster *Extraversion* soll an dieser Stelle gesondert erwähnt werden, da nach Steel (2007, p. 69) die Impulsivität diesem Cluster zugeordnet wird, ebenso wie die Sensationssuche und die Neigung zur Langeweile. Zwar werden extravertierte Personen auch als impulsiv beschrieben und es ist unbestritten, dass es differierende Definitionen für Impulsivität gibt, dennoch weichen die Ergebnisse von Steel (2007) hier von der Zuordnung der Teilfacetten des klassischen Big-Five-Modells ab.

Als weiteres wichtiges Merkmal in dem metaanalytischen Verfahren von Steel (2007), das in einem sehr engen Zusammenhang mit Prokrastination steht, ist noch die Aufgabenaversivität zu nennen, eine nicht im Big-Five-Modell enthaltene Variable (s. Kapitel 5.4).

Es gibt deutliche Begrenzungen in der Anwendung des Big-Five-Modells auf Prokrastination, auf die bereits van Eerde (2004) hingewiesen hat.

- Die situativen Bedingungen von Prokrastination werden ausgeklammert. Das liegt schon in der Wahl des Modells begründet.
- Es wird eine Typisierung versucht, die sich in der Realität so eindeutig nicht nachweisen lässt, u.a. weil die Faktoren mit ihren Teilfacetten mit unterschiedlichem Gewicht bei einzelnen Personen auftreten können, es also verschieden akzentuierte Typisierungen geben kann. So kann beispielsweise Aufschiebeverhalten vor allem mit dem Merkmal „Angst vor Misserfolg" auftreten oder aber primär mit den Merkmalen „Nervosität", „Unkonzentriertheit" und „leichte Ablenkbarkeit" verbunden sein.

– Die Bedeutung und auch die Zuordnung einzelner Teilfacetten zu den Big-Five sind in den Studien teilweise recht heterogen. Besonders deutlich wird dies in der Studie von Steel (2007).

6.3. *Erwartung-mal-Wert-Modelle*

Als Vorläufer der relativ komplexen Handlungsregulationsmodellen können die sogenannten Erwartung-mal-Wert-Modelle angesehen werden, die bereits eine Vielzahl unterschiedlicher motivationaler, emotionaler und kognitiver Variablen berücksichtigen und modellieren können. Erwartung-mal-Wert-Modelle wurden zunächst in der Motivationsforschung zur Vorhersage von Leistungshandeln entwickelt (vgl. Atkinson, 1957) und dann später auch auf andere Bereiche übertragen. Erwartung- mal Wert-Modelle haben sich in der Prokrastinationsforschung als nützlich erwiesen. Nachfolgend werden zwei unterschiedliche Modellvarianten, nämlich das Modell des Leistungshandelns von Eccles und Wigfield (2002) und das Modell der Nützlichkeitserwägung von Steel (2007, 2011) sowie ihre Anwendung auf aufschiebendes Verhalten vorgestellt.

Modell des Leistungshandelns

Zur Erklärung des Aufschiebeverhaltens im akademischen Kontext bietet sich das Erwartung-mal-Wert-Modell von Eccles (1983, vgl. auch Eccles & Wigfield, 2002) an, das ursprünglich zur Vorhersage von Leistungshandeln von Frauen im mathematischen Bereich konzipiert wurde. Dies erklärt, warum in dem Modell neben kognitiven, motivationalen und emotionalen Variablen auch Umgebungsvariablen wie beispielsweise das kulturelle Milieu und Stereotype berücksichtigt werden (vgl. Abb. 3).

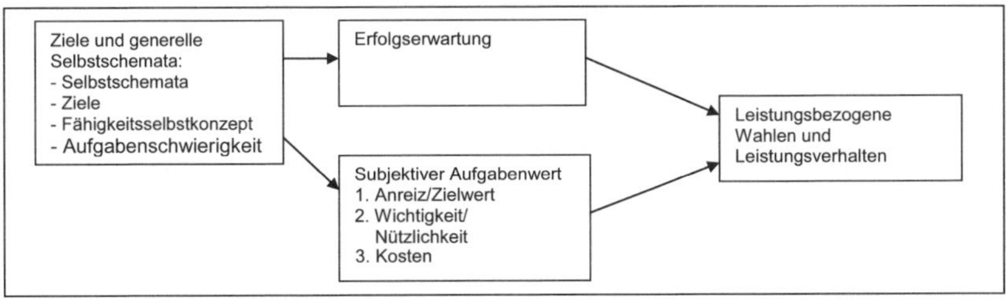

Abb. 3: Vereinfachtes Erwartung-mal-Wert-Modell (nach Eccles & Wigfield, 2002)

Erwartungs- und Wertmodelle nehmen an, dass einerseits Erwartungen und andererseits subjektive Wertschätzungen das Leistungshandeln beeinflussen. Ist die Erwartung, einen Erfolg zu erzielen, sehr hoch und ebenso der Wert des angestrebten Zieles, wird die Person mit großer Wahrscheinlichkeit eine entsprechende leistungsrelevante Aktivität zeigen. So nehmen Eccles et al. (2002) an, dass Ausdauer als leistungsrelevante Aktivität direkt vorhergesagt werden kann. Da akademisches Aufschiebeverhalten im Zusammenhang steht mit leistungsmotiviertem Handeln und dieses behindert, sollten Erwartungs- und Wertvariablen einen signifikanten Zusammenhang mit dem Aufschiebeverhalten zeigen: Je niedriger die Erwartungs- und Wertvariablen einer Person ausgeprägt sind, desto stärker sollte sie zögern und aufschieben.

Zu den Erwartungsvariablen zählen nach Eccles et al. (2002) das Fähigkeitsselbstkonzept und die Erfolgserwartung. Da die Fähigkeit, Prüfungsaufgaben nach einem strukturierten Zeitplan vorzubereiten, eng mit der Erfolgserwartung der Person zusammenhängt, dürften auch Organisationsfähigkeit und Zeitmanagement zu den Erwartungsvariablen gezählt werden. Eine gute Organisationsfähigkeit und ein strukturiertes Zeitmanagement sollten mit einer hohen Erwartung einhergehen.

Der Wert entspricht nach dem Modell von Eccles und Wigfield (2002) dem subjektiven Aufgabenwert, der die drei Komponenten „Anreiz", „Wichtigkeit" und „Kosten" beinhaltet. Eine Anreizkomponente ist u.a. das Interesse an einer Aufgabe. Das Merkmal Prüfungsangst kann ebenfalls als Wertvariable im Sinne eines Kostenfaktors definiert werden (vgl. Eccles & Wigfield, 2002; Wigfield & Eccles, 2000).

Callies (2012) sowie Rustemeyer und Rausch (2007) konnten in ihren Untersuchungen für das situationsspezifische Aufschiebeverhalten (state) anhand von hierarchischen Regressionsanalysen eine hohe Vorhersagekraft der Erwartung-mal-Wert-Variablen belegen und zeigen, dass akademisches Aufschiebeverhalten recht gut im Rahmen des Erwartung-mal-Wert-Modells modelliert werden kann. Wenn die Erwartungsvariable „Selbstkonzept eigener Studierfähigkeit" gering ausgeprägt und das Zeitmanagement ineffizient ist, wird die Beschäftigung mit Leistungsaufgaben hinausgezögert. Aber auch die Prüfungsangst, die – wie bereits ausgeführt – nach Eccles und Wigfield (2002, p. 120) als Kostenfaktor im Erwartung-mal-Wert-Modell definiert werden kann, stellt sich als besonders einflussreich dar. Kosten können bei der Beschäftigung mit einer Aufgabe auftreten, wie z.B. der Anstrengungsaufwand oder eine negative Emotion, die überwunden werden muss, damit Leistungshandeln einsetzbar und langfristig aufrechterhalten werden kann.

Rustemeyer und Rausch (2007) konnten weiter zeigen, dass sich im Kontext einer wichtigen Prüfung insbesondere das situationsspezifische Aufschiebeverhalten als handlungsrelevant erweist. Prüflinge mit einem geringen Selbstkonzept eigener Studierfähigkeit und einer hohen Prüfungsangst neigen dazu, Tätigkeiten, die im Kontext einer anstehenden Prüfung notwendigerweise erfüllt werden müssen, aufzuschieben. Dispositionelles Aufschiebeverhalten steht dagegen nur mit Erwartungsvariablen wie „Zeitmanagement" und „Selbstkonzept", jedoch nicht mit Wertvariablen und Prüfungsangst im Zusammenhang. In der Studie von Helmke und Schrader (2000) traten auch signifikante Korrelationen zwischen dem Persönlichkeitsmerkmal und den entsprechenden motivationalen Variablen und der Prüfungsangst auf. Jedoch fand – anders als in der vorliegenden Studie – die Befragung bei Helmke und Schrader nicht im Kontext einer aktuellen Prüfungsvorbereitung statt, sondern studienbegleitend.

Modell der Nützlichkeitserwägung (Piers Steel)

Einen eigenen Ansatz entwickelt Steel (2007, 2011) ausgehend von seiner 2007 durchgeführten Metaanalyse. Steel konzipiert das Konstrukt „Prokrastination" als ein erweitertes Erwartung-mal-Wert-Modell, in das außer „Erwartung" und „Wert" noch zwei weitere Variablen eingehen, nämlich „Anfälligkeit für Prokrastination" und „persönliche Aufschiebetendenz".

Dazu stellt Steel (2007) folgende Gleichung auf, die er in seinem Buch 2011 als Aufschiebeformel bezeichnet:

$$\text{Utility} = \frac{E \times V}{I \times D}$$

Quelle: nach Steel (2007, p. 71)

$$\frac{\text{Erwartung} \times \text{Wert}}{\text{Impulsivität} \times \text{Verzögerung}}$$

Quelle: nach Steel (2011, S. 49)

Die obige Gleichung der Nützlichkeitserwägung (utility) bezieht sich darauf, wie wünschenswert eine Aufgabe oder Wahlmöglichkeit für eine Person ist. Laut Definition gehen Personen primär einem Verhalten nach, das die höchste Nützlichkeit für sie hat. Aktivitäten, die einen hohen Wert (V) und eine hohe Erwartung (E) haben (im Zähler), sollten wünschenswerter sein als solche mit geringer Erwartung und geringerem Wert. Der Nenner der Gleichung enthält ein Zeitelement. Positive Aktivitäten, die sofort realisierbar sind (D), sollten höher bewertet werden und eine geringere Verzögerungstendenz besitzen als Aktivitäten, die erst später ausgeführt werden können. Wenn die Verzögerung stärker wird (der Nenner größer wird), sinkt die Nützlichkeitserwägung. Das I bezieht sich auf die Sensitivität bzw. Anfälligkeit der Person gegenüber Verzögerungen. Je größer „I" wird, desto größer wird der Wert der Anfälligkeit für Prokrastination.

Wie sind nun die Variablen im Einzelnen definiert und operationalisiert?

Erwartung (expectancy) bezieht sich auf Wahrscheinlichkeit oder Chance des erfolgreichen Bearbeitens einer Aufgabe bzw. Tätigkeit.

Wert (value) kann nach Steel (2011) „technisch" umschrieben werden als Freude, Spaß oder Vergnügen (enjoyment), die mit einer Aufgabe einhergehen. Je weniger Wert eine Aufgabe für die Person hat, umso schwieriger wird es, damit zu beginnen.

Diese beiden Variablen entsprechen weitgehend den Definitionen, die in den klassischen Erwartung-mal-Wert-Theorien verwendet werden. Im Nützlichkeitsmodell fügt Steel (2007, 2011) jedoch noch zwei weitere, speziell auf Prokrastination bezogene Variablen hinzu, die weniger klar definiert sind.

Impulsivität (J) ist ein Merkmal von Personen, die ohne zu denken handeln, die ihre Gefühle nicht kontrollieren können und impulsiv sind. Dieses Merkmal bildet den eigentlichen harten Kern von Prokrastination, so Steel (2011). Laut einer Vielzahl empirischer Studien zählen Impulsivität (impulsiveness) der Person dazu sowie folgende Persönlichkeitseigenschaften: geringe Gewissenhaftigkeit (low conscientiousness), geringe Selbstkontrolle (low self-control) und hohe Ablenkbarkeit (high distractibility). Dabei scheint jedoch die Impulsivität den größten Anteil zu haben.

Ganz entscheidend ist für Steel (2007, 2011) auch der zeitliche Einfluss (delay). Ziele, die noch weit entfernt und relativ abstrakt sind, führen zu stärkerem Aufschieben als kurzfristige, konkrete Ziele. Je näher z.B. eine Prüfung rückt, desto weniger schiebt die Person auf, d.h., kurz vor einer Prüfung arbeitet sie ganz intensiv.

Steel (2007, p. 72, Tab. 1) operationalisiert die vier Konstrukte seiner Gleichung folgendermaßen: Die *Erwartung* wird über „Selbstwirksamkeitserwartung" (self-efficacy; vgl. Bandura, 1997) operationalisiert. *Wert* wird anhand von drei Variablen operationalisiert, nämlich „Aufgabenaversivität", „Leistungsmotivation" und „Langeweile". *Impulsivität* wird ebenfalls über drei Variablen operationalisiert: „Impulsivität", „Unaufmerksamkeit“ und „mangelnde Selbstkontrolle“, und die Zeitkomponente *Verzögerung* wird über die Variablen „Intentions-Verhaltens-Diskrepanz“, „Organisiertheit“ und „Belohnungsaufschub“ operationalisiert.

Die Annahmen seines Nützlichkeitsmodells sieht Steel (2007) durch die Ergebnisse seiner Metaanalyse, in der er 156 Studien zur Prokrastination untersucht, bestätigt.

6.4. *Modelle der Handlungsphasen*

Viele Forscher und Forscherinnen haben Prokrastination als ein Defizit in der Handlungsregulation bzw. in Selbstregulationsprozessen beschrieben, wobei jedoch von unterschiedlichen zugrunde liegenden theoretischen Modellen ausgegangen wird. In den empirischen Studien werden vorrangig Fragen zu spezifischen Selbstregulationsprozessen überprüft (vgl. Blunt & Pychyl, 2005; Dewitte & Lens, 2000; Ferrari, 2001; Wolters, 2003); dabei sind die Relationen der verwendeten Variablen untereinander und zueinander so gut wie gar nicht geklärt (Schouwenburg, 2004; Rosario et al. 2009).

Einen umfassenden und recht fruchtbaren Ansatz der Prokrastinationsforschung, bei dem die Handlungsregulation der Person zur Grundlage der Beschreibung der motivationalen und volitionalen Bedingungen gemacht wird, bieten das Rubikonmodell von Heckhausen und als Ergänzung die Handlungskontrolltheorie von Kuhl.

Rubikonmodell der Handlungsphasen (Heinz Heckhausen)

Das sogenannte Rubikonmodell der Handlungsphasen von Heckhausen (1989) wird von verschiedenen Autoren und Autorinnen (Helmke & Schrader, 2000; Schulz, 2007; Jorke, 2007) als ein heuristischer Ansatz für ein theoriegeleitetes Verständnis der Wirkungsweise, Bedingungsfaktoren und Begleiterscheinungen von Prokrastination verwendet. Helmke und Schrader (2000, S. 222) gehen davon aus, dass in jeder der vier Phasen des Rubikonmodells Aufschiebeverhalten zum Ausdruck kommen kann. Weiter betonen sie, dass das Modell zur Erklärung besonders nützlich sei, weil Prokrastination hier nicht als konstantes Persönlichkeitsmerkmal beschrieben wird, sondern stattdessen eine dynamische Sichtweise eingenommen wird, in der aufschiebendes Verhalten anhand der einzelnen Phasen des Handlungsprozesses rekonstruiert wird.

Beschreibung des Handlungsphasenmodells
Das Rubikonmodell ist als Prozessmodell konzipiert und beschreibt den Ablauf einer Handlung von einem Wunsch bis zur Vollendung und der abschließenden Bewertung. Als Handlung gelten definitionsgemäß „alle Aktivitäten, denen eine ‚Zielvorstellung' zugrunde liegt" (Achtziger & Gollwitzer, 2006, S. 277). Der chronologische Ablauf in vier Phasen bildet den idealtypischen Ablauf einer Handlung ab. Hiermit wird also ein allgemeiner Handlungsablauf beschrieben, der in diesem Umfang jedoch nicht bei allen Handlungen exakt so aussehen muss, besonders nicht bei alltäglichen, fast automatisierten Handlungen. Dennoch lässt sich Prokrastination gut an dem Modell zur Handlungsregulation beschreiben, auch wenn im Modell die Gründe für aufschiebendes Verhalten nicht genau betrachtet werden; dazu bietet sich besser die Handlungskontrolltheorie an (Beißner, 2004, S. 13; Gollwitzer, 1996, S. 533f.; Schulz, 2007, S. 29). Das Rubikonmodell unterscheidet vier verschiedene Phasen im Motivationsprozess (vgl. Abb. 4), die nachfolgend kurz charakterisiert werden.

Prädezisionale Motivationsphase
In der ersten Phase wird eine Auswahl getroffen. Wünsche und Anliegen der Person werden auf ihre Realisierbarkeit hin abgewogen. Der Handelnde versucht, sich darüber Klarheit zu verschaffen, welche Aufgaben oder Aktivitäten wünschbar (desirability) und zugleich machbar (feasability) sind. Realisierbarkeit beinhaltet u.a. die subjektive Abwägung dahin gehend, ob die persönlichen Fähigkeiten hinreichend sind, das gewünschte Ereignis durch eigenes Handeln zu erreichen, ob der situative Kontext, in dem die gewünschte Handlung ausgeführt werden soll, die Ausführung begünstigt oder eher behindert, ob die Zeit und die Mittel, die zur Vollendung der Tätigkeit notwendig sind, zur Verfügung stehen. Während dieses Abwägungsprozesses wird so objektiv und offen wie eben möglich versucht herauszufinden, welcher der vielen Wünsche unter den bestehenden Bedingungen die größte Eintretenswahrscheinlichkeit hat (Heckhausen & Heckhausen, 2006, S. 279). In dieser Phase spielt die Selbstwirksamkeitserwartung eine wichtige Rolle, also Fragen wie: „Was traue ich mir selber zu?", die in Bezug auf die eigene Leistungsfähigkeit gestellt werden. Nach der Analyse der Realisierbarkeit und Wünschbarkeit folgt die Entschlussfassung, die den Abschluss der ersten Phase darstellt. Mit der Entschlussfassung fühlt sich die Person verpflichtet, die gebildete Intention auch in die Tat umzusetzen (sogenannte Zielbindung oder commitment). Diese Intentionsbildung wird als das „Überschreiten des Rubikon" bezeichnet. Es entsteht ein „Gefühl der Entschlossenheit" (vgl.

Gollwitzer, 1996, S. 535; Schulz, 2007, S. 30). Dies ist die Phase, in der das Was im Fokus steht. Es ist der Prozess der Zielfindung und nicht der Prozess der konkreten Realisierung, wie es bei der volitionalen Bewusstseinslage, die dann folgt, der Fall ist. Mit „Volition“ ist die Fähigkeit gemeint, einen Willen oder auch eine Handlungsausführung trotz Störungen durch innere und äußere Widerstände aufrechterhalten zu können (vgl. Rheinberg, 2008).

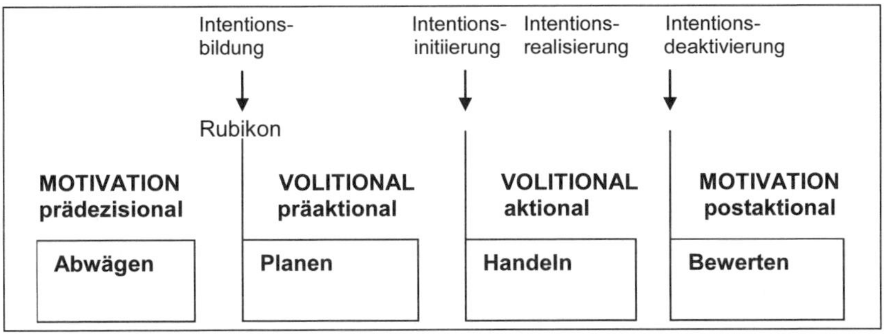

Abb. 4: Darstellung der vier Handlungsphasen des Rubikonmodells (nach Heckhausen & Heckhausen, 2006, S. 278)

Präaktionale Volitionsphase

In der zweiten Phase geht es um die Planung der Handlung zu der in der vorangegangenen Phase gefassten Intention. Dazu gehören neben der Konkretisierung der Handlungsausführung in Bezug auf wann, wo, wie und wie lange auch die Festlegung der Reihenfolge, in der die nötigen Handlungen angegangen werden sollen. Das Wann bezieht sich auf den optimalen Beginn. Der Zeitpunkt der Handlungsinitiierung sollte so gewählt sein, dass genügend Zeit für die Bearbeitung der aktuellen Intention besteht und man gedanklich wie emotional frei genug dafür ist. Das Wo als Ort der Handlungsausführung spielt nicht nur zu Beginn eine große Rolle, sondern im gesamtem Prozess, um sich auf die gestellte Aufgabe konzentrieren zu können und nicht abgelenkt zu werden.

Die beiden Fragen nach dem „wie“ und dem „wie lange“ sind sehr unterschiedlich. Es kann bei dem temporären Aspekt „wie lange“ um einen vorgegebenen Termin gehen, es kann aber auch einen finalen Termin geben, den man sich selbst setzt. Dabei sind die Planung des Arbeitsverhaltens und die Festlegung der Arbeitseinheiten pro Tag wichtig. Bei dieser Planung der Handlungseinheiten kommt das Wie zum Tragen: „Auf welche Art und Weise gehe ich vor? Wie zerlege ich die Aufgabe in kleine Teilaufgaben?“ Der Planungsprozess entscheidet, ob eine Intention auch tatsächlich in die Tat umgesetzt wird oder zumindest erst einmal begonnen wird. Die Volitionsforschung hat nachgewiesen, dass durch das Bilden einer kognitiven Struktur während des Planens die Handlungswahrscheinlichkeit erhöht wird.

Dieser Prozess der Planung endet mit dem Beginn der Handlung und führt zur dritten Phase des Modells. Dieser Schritt wird aber nur erreicht, wenn die Planung auch konsequent beendet wird und man sich nicht in der Planung verliert oder zu penibel plant und somit die eigentliche Arbeitshandlung unnötig zu vermeiden versucht. Dadurch wird der eigentliche Handlungsbeginn immer weiter verschoben; in diesem Fall spricht man von Prokrastination (vgl. Gollwitzer, 1996, S. 535f.; Helmke & Schrader, 2000; Schulz, 2007, S. 30).

Aktionale Volitionsphase

Die eigentliche Ausführung der Handlung bis zu ihrer Beendigung ist Gegenstand dieser Phase. Die Handlungsregulation muss zu diesem Zeitpunkt vor hinderlichen Einflüssen schützen. Aus der unterschiedlichen Volitionsstärke lässt sich ablesen, wie stark der Wille ist, ein bestimmtes Ziel zu erreichen und die gestellte Aufgabe zu beenden. Das Ende der dritten und der folgende Übergang zur letzten Phase werden durch die Beendigung der Handlung bzw. das „Vorliegen von Handlungsergebnissen" charakterisiert (vgl. Gollwitzer, 1996; Beißner, 2004; Schulz, 2007).

Postaktionale Motivationsphase

In dieser Bewertungsphase erfolgt die Beantwortung der Frage, „ob das Zielstreben erfolgreich war" (Gollwitzer, 1996, S. 537). Es muss somit geprüft werden, ob das gesetzte Ziel erreicht wurde. Im Vorhinein sollten klar definierte Abbruchvorsätze formuliert werden, wann genau ein gesetztes Ziel als erreicht angesehen wird und wann nicht. Ist das Ziel erfüllt, wird überprüft, ob das Handlungsergebnis mit dem gewünschten Ziel übereinstimmt. Fällt diese Überprüfung positiv aus, kann die Intention deaktiviert werden. Bei einer vorhandenen Diskrepanz müssen Konsequenzen für weiterführende Intentionen gezogen werden, oder die aktuelle Handlung muss weitergeführt werden, um das Ziel doch noch zu erreichen. Alternativ kann man das gesetzte Ziel auch dem Erreichten anpassen, sodass Wunsch und Wirklichkeit wieder übereinstimmen.

Bewusstseinslagen

Unter Bewusstseinslagen sind kognitive Orientierungen zu verstehen, die das Planen, Abwägen, Handeln und Bewerten, also die in jeder Phase zu lösenden Aufgaben, unterstützen (Gollwitzer, 1996, S. 542). Experimente haben gezeigt, dass sich kognitiv in jeder Phase etwas anderes abspielt. In der ersten Bewusstseinslage, die das Abwägen beinhaltet, werden primär Informationen verarbeitet, die sich mit der Wünsch- und mit der Realisierbarkeit befassen. Die Informationsverarbeitung soll realitätsorientiert sein und die Informationsauswahl möglichst unparteiisch erfolgen. In der zweiten Phase liegt die Bewusstseinslage des Planens vor, die den störungsfreien Ablauf der später ablaufenden Handlung gewährleistet. Es werden nicht mehr wahllos alle Informationen aufgenommen, sondern es wird ausgewählt, und es werden nur relevante Informationen zu dem Wann, Wo, Wie und der Dauer der Handlung näher betrachtet. Somit werden allgemeine Störungen, die zu Prokrastination führen könnten, weitgehend ausgeschlossen. Eingehende Informationen werden nur noch parteiisch und optimistisch im Sinne des zu erreichenden Zieles wahrgenommen. Die Bewusstseinslage des Handelns ist volitional und unterstützt die Umsetzung der Aufgabe in ihrer Phase, hier in der aktionalen Volitionsphase. In dieser soll die erfolgreiche Zielrealisierung erreicht werden. Störende Reize und Gedanken werden ignoriert, und auch die gewählte Zielintention wird nicht in Frage gestellt. Benötigte Informationen werden realisierungsorientiert verarbeitet, ein Prozess, der sich „auf internale und externale Aspekte bezieh[t]“ (Gollwitzer, 1996, S. 547). Die Bewusstseinslage des Bewertens beruht auf der postaktionalen Motivationsphase. Sie fördert den Vergleich des erwarteten Ergebnisses und der Folgen mit den tatsächlichen Ergebnissen und Folgen der funktionierenden Bewertung des Handlungsergebnisses.

Anwendung auf das Aufschiebeverhalten

Da Prokrastination offensichtlich mit deutlichen Defiziten in der Handlungsregulation einer Person einhergeht, bietet sich als heuristische Erklärungsmöglichkeit für Prokrastination das oben beschriebene Rubikonmodell von Heckhausen an. Ausgehend vom oben beschriebenen Modell, stellt sich die Frage, an welcher Stelle die Defizite primär auftreten. Laut Helmke und Schrader (2000) kann Prokrastination in allen Phasen des beschriebenen Prozesses auftreten. Das bedeutet konkret: Aufschiebendes Verhalten kann in jeder der vier Handlungsphasen (Abwägungs-, Planungs-, Ausführungs- und Bewertungsphase) auftreten. Es gibt jedoch empirische Hinweise für die unterschiedliche Bedeutung der einzelnen Phasen und dafür, dass sich aufschiebendes Verhalten in bestimmten Phasen besonders negativ auswirkt (s.u. intention-action gap). Da eine umfangreiche empirische Bestätigung noch aussteht, scheint es sinnvoll zu sein, konkret zu prüfen, welche empirischen Forschungsergebnisse zu Prokrastination und Handlungsregulationsdefiziten vorliegen.

Für Helmke und Schrader (2000, S. 223) ist Prokrastination „eine spezifische Manifestation gestörter Prozesse der Selbstregulation im Verhalten – sowohl im motivationalen als auch im volitionalen Bereich". Dabei sind offensichtlich Merkmale wie niedrige Selbstwirksamkeitsüberzeugung, Leistungsängste, das Streben nach Erhaltung des Selbstwertes als Bedingungsvariablen für aufschiebendes Verhalten im Handlungsprozess bedeutsam. Dass Prokrastination negativ mit dem Studieninteresse, dem Fähigkeitsselbstkonzept, der Selbstwirksamkeitserwartung und dem Selbstwertgefühl korreliert, positiv dagegen mit ineffizientem Zeitmanagement und Leistungsangst, konnte sowohl in der Untersuchung von Helmke und Schrader (2000) als auch in der von Rustemeyer und Rausch (2007) gezeigt werden.

Ein zentrales Merkmal der Prokrastination bezieht sich, wie in Kapitel 1.3. ausgeführt wurde, auf eine offensichtliche Diskrepanz zwischen der eigenen Absicht und dem eigenen Verhalten. Diese wird in der Fachliteratur beschrieben als die Kluft zwischen Intention und Verhalten (intention-action gap, vgl. Blunt & Pychyl, 1998; Dewitte & Lens, 2000; Dewitte & Schouwenburg, 2002; Steel, 2007; van Hooft et al., 2005). Übereinstimmend mit der Annahme eines „intention-action gap" tritt aufschiebendes Verhalten insbesondere nach der Intentionsbildung auf. So scheinen aufschiebende Personen zwar eine Intention zu bilden, bei der Planung bzw. Handlungsinitiierung kommt es dann aber zu Verzögerungen. Die gefassten Pläne werden aufgeschoben oder sogar völlig aufgegeben (Schulz, 2007). Laut Helmke und Schrader (2000) verfügen aufschiebende Personen oft über den Wunsch und auch die Möglichkeiten, ihre Ziele zu erreichen, die Intentionen werden jedoch nicht realisiert.

In der Forschungsliteratur zur Prokrastination wird fast einhellig, wenngleich wenig empirisch fundiert, die Hypothese vertreten, dass die *Planungsfähigkeit* bei Prokrastinierern defizitär oder einfach anders ist als bei nicht prokrastinierenden Personen. Unter Berücksichtigung der Ergebnisse publizierter Interventions- und Trainingsansätze scheint vor allem unzureichendes Planungsverhalten eine kritische Variable zu sein. Überlegungen hinsichtlich der Planungsfähigkeit gehen u.a., wie oben beschrieben, davon aus, dass durch eine unspezifische Intentionsbildung die nachfolgende Planung erschwert wird. Dabei sind zwei Möglichkeiten denkbar: Sowohl eine unspezifische Planung als auch eine übertriebene Planung können die Handlungsinitiierung verhindern. Dass auch eine zu genaue Planung die Handlungsrealisierung erschweren kann, mag zunächst verwundern, ist aber damit zu erklären, dass übertriebenes Planungsverhalten selbst ein Vermeidungsverhalten darstellt, mit dem die Ausführung der eigentlichen Handlung hinausgezögert wird.

Neuere Arbeiten (vgl. Schulz, 2007) untersuchen die vermuteten Zusammenhänge zwischen Prokrastination und unzureichender Ziel- und Planungskompetenz der Person. Ein direkter empirischer Nachweis, dass aufschiebende Personen schlechtere Planer sind als nicht aufschiebende Personen, konnte jedoch von Schulz (2007), die sich explizit mit diesem Thema auseinandergesetzt hat, nicht erbracht werden. Die Autorin hat in ihrer Dissertation die Frage untersucht, ob die Handlungsregulation bei aufschiebenden Personen beeinträchtigt ist, wobei Schulz unter Handlungsregulation vor allem Planungsverhalten versteht. Schulz (2007) untersuchte im Experiment drei Gruppen, nämlich prokrastinierende Personen mit erhöhter und solche mit niedriger Depressivität und eine Kontrollgruppe, und fand weder hinsichtlich der Spezifität persönlicher Pläne noch bei einer einungsdiagnostischen Aufgabe signifikante Gruppenunterschiede. Weitere für die Handlungsregulation bedeutsame Konstrukte wie Handlungskontrolle und Rumination wurden erfragt. Das Planungsverhalten prokrastinierender Personen unterscheidet sich nach dieser Studie nicht von dem der Kontrollgruppe. Die beiden Prokrastinationsgruppen wiesen jedoch im Vergleich mit der Kontrollgruppe eine höhere Lageorientierung und eine stärkere Rumination (Prokrastinierer mit hohen Depressionswerten) auf.

In der Untersuchung von Dewitte und Schouwenburg (2002) wurden Studierende, die eine Klausur schreiben mussten, nach ihrem Lernverhalten befragt. Die Ergebnisse zeigen im Gegensatz zur Ausgangshypothese, dass Prokrastinierer zwar weniger lernen als Nicht-Prokrastinierer, sich ihre Pläne jedoch nicht unterscheiden.

Das Planungsverhalten von Prokrastinierern scheint eher durch Unterschätzung der tatsächlich benötigten Lernzeit bestimmt zu sein. Buehler, Griffin und MacDonald (1997) nehmen an, dass der „optimistic bias" prokrastinierender Personen auf bestimmte kognitive Prozesse zurückzuführen ist. So wird etwa früheren Misserfolgen nicht genügend Aufmerksamkeit geschenkt, sie werden quasi ausgeblendet. Allerdings gibt es auch andere Studien, die keine optimistische Verzerrung („planning fallacy", d.h., die zur Bearbeitung benötigte Zeit signifikant zu unterschätzen) zeigen. In der Studie von Pychyl, Morin und Salmon (2000) waren prokrastinierende Studierende, die sich auf ein Examen vorbereiteten, ebenso korrekt in ihrer Zeitscheinschätzung wie nicht prokrastinierende Studenten. Allerdings schränken die Autoren selbst ein, dass es sich bei ihrer Stichprobe nicht um eine „normale" studentische Stichprobe handelt, da fast die Hälfte der teilnehmenden Personen im Laufe der Untersuchung ausfielen und aus der Studie ausgeschlossen werden mussten. Möglicherweise wurden damit auch hoch prokrastinierende Studierende aus der Studie ausgeschlossen (Pychyl et al., 2000, p. 148).

Neben einem ungünstigen Zeitmanagement zeigen prokrastinierende Personen auch eine unzureichende Ziel- und Prioritätensetzung, was beispielsweise von Lay und Schouwenburg (1993) als Teilbereich eines defizitären Zeitmanagements betrachtet wird. Die Autoren fanden in ihrer Studie einen Zusammenhang zwischen Prokrastination und den drei Subskalen des Zeitmanagements (Routineverhalten, Ziele und Prioritäten, Kontrolle über die Zeit). Die Subskala „Ziele und Prioritäten" korrelierte negativ mit Prokrastination ($r = -.45$). Noch höher negativ korrelierte die Subskala „Kontrolle über die Zeit" mit Prokrastination ($r = -.64$).

In vielen Interventionsprogrammen zur Prokrastination wird Zeitmanagement als wichtige Variable hervorgehoben und trainiert. Zielsetzungskompetenz, also die Fähigkeit, sich realistische, spezifische und zeitlich begrenzte Ziele zu setzen, wird als Teilbereich des Zeitmanagements betrachtet und untersucht. Nur wenige Studien untersuchen Zielsetzungskompetenz als eigenständige Variable im Zusammenhang mit Prokrastination, sodass Schulz (2007, S. 43) resümiert: „Aufgrund der eher dünnen empirischen Basis lässt sich die Frage, ob Personen mit einer starken Prokrastinationsneigung tatsächlich globalere Ziele haben und unspezifischere oder weniger konkrete Pläne als Nicht-Prokrastinierende, bislang noch nicht befriedigend beantworten."

Dennoch beinhalten Interventionsprogramme, vor allem wenn sie verhaltenstherapeutisch begründet sind, als ein zentrales Element die Einübung von Ziel- und Planungskompetenz. Teilnehmerinnen und Teilnehmer werden angeleitet, konkrete, überschaubare, differenzierte Ziele und Pläne zu formulieren und umzusetzen (vgl. Tuckman & Schouwenburg, 2004; Höcker, Engberding, Beißner & Rist, 2008, 2009).

Planungsverhalten und insbesondere die Zielsetzungskompetenz spielen auch eine wichtige Rolle beim selbst regulierten Lernen. So untersuchte Wolters (2003), in welchem Zusammenhang akademische Prokrastination und verschiedene Schlüsselkomponenten des selbst regulierten Lernens stehen. Der Autor geht von der Beobachtung aus, dass Personen, die häufiges aufschiebendes Verhalten zeigen, sich stark von Personen unterscheiden, die als selbst regulierte Lerner bezeichnet werden können. Letztere besitzen verschiedene Fähigkeiten und Kenntnisse und verfügen über Strategien, die ihnen helfen, ihr Lernverhalten zu kontrollieren und zu optimieren. Sie verfügen über adaptive motivationale Einstellungen und Überzeugungen, mit denen das Lernen in verschiedenen akademischen Kontexten optimal organisiert werden kann.

Neben Schwierigkeiten in der Planungsphase kann sich Prokrastination auch in der *Handlungsphase* zeigen, nämlich in der ungenügenden Abgrenzung gegenüber konkurrierenden, attraktiveren Aktivitäten. Ansatzpunkte für prokrastinierendes Verhalten könnten beispielsweise eine fehlende Handlungsinitiierung oder eine unzureichende Persistenz in der Handlungsausführung sein. Eine Handlung kann vorläufig abgebrochen werden, um eine andere Tätigkeit, wie beispielsweise Telefonieren, auszuführen und dadurch das Erreichen der Bewertungsphase verhindern. In der Handlungsphase könnten Selbstzweifel, mangelnde Ausdauer oder die Ablenkung durch angenehmere Tätigkeiten zum Abbruch oder Aufschub der Aufgabenerledigung führen (Helmke & Schrader, 2000). Nach Bossong (1993) begünstigt eine geringe Handlungskontrolle eher die Ablenkung durch attraktivere Handlungen, wie Fernsehen oder Telefonieren. Prokrastination kann sich also im Handlungsprozess darin zeigen, dass Absichten unerfüllt bleiben, zielgerichtetes Handeln nicht eintritt oder für die Erreichung des Zieles unwichtige Handlungen ausgeführt werden.

So geht auch Jorke (2007, S. 22) davon aus, dass Prokrastination vor allem in einem Versagen der Selbstregulation begründet ist (vgl. Dietz et al., 2007; Ferrari, 2001; Wolters, 2003), und ordnet folglich Prokrastination primär den beiden volitionalen Phasen, der Planungs- und Handlungsphase zu, wie die Abbildung 5 zeigt.

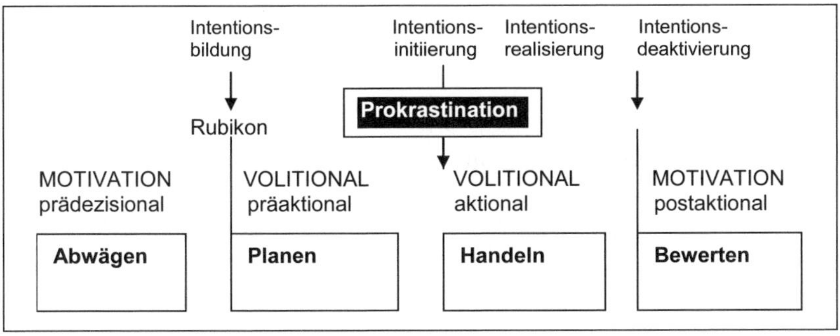

Abb. 5: Einordnung der Prokrastination in das Rubikonmodell der Handlungsphasen (nach Jorke, 2007, S. 23)

Für die *Bewertungsphase* vermuten Helmke und Schrader (2000), dass Prokrastinierer eher zu Bewertungen neigen, die selbstabwertende bzw. negative Gefühle hervorrufen. Dies kann dann weitere Konsequenzen bezüglich zukünftiger Aufgaben haben.

Die gleichzeitige Anwendung und Überprüfung mehrerer Phasen des Modells auf die prozesshafte Erklärung und den prozesshaften Verlauf von Prokrastination ist empirisch bislang jedoch noch nicht erforscht worden.

Handlungskontrolltheorie (Julius Kuhl)

Neben dem Rubikonmodell stellt die in den 1980er Jahren entwickelte Handlungskontrolltheorie von Kuhl (1983, 1994, 2010) einen weiteren interessanten Ansatz zur Erklärung von Prokrastination dar. Die Handlungskontrolltheorie versucht zu erklären, warum manche Handlungen trotz einer zu Beginn hohen Motivation und einer recht guten Zielperspektive nicht beendet, sondern abgebrochen oder zumindest unterbrochen werden und folglich eine geplante Handlung scheitert (Schulz, 2007). Es werden in der Handlungskontrolltheorie nicht nur eine, sondern mehrere miteinander konkurrierende Intentionen betrachtet, aus der die Person auswählen muss, damit sie ihr Zielvorhaben erfolgreich in eine Handlung umsetzen kann.

Kuhl hat untersucht, welchen Personen die Handlungskontrolle besonders gut gelingt, und konnte zeigen, dass bei ihnen die vier Elemente einer „vollständigen und adäquaten Handlungsabsicht“ vorliegen. Sie haben

1. den angestrebten zukünftigen Zustand klar vor Augen,
2. ebenso den zu verändernden gegenwärtigen Zustand
3. wie auch die zu überwindende Diskrepanz zwischen Ist- und Soll-Zustand
4. und schlussendlich auch die beabsichtigte Handlung, die zur Reduzierung der Ist-Soll-Diskrepanz erforderlich ist.

„Personen, deren Absichten häufig in dieser vollständigen Form ausgebildet sind, nennt Kuhl (1983) *handlungsorientiert*“ (Rheinberg, 2006, S. 182).

Fehlt eines dieser vier Elemente, ist der Handlungserfolg nicht mehr gewährleistet. Kuhl interessiert sich vor allem für die vermuteten Ursachen bzw. Schwierigkeiten, die bei der Umsetzung einer vorliegenden Intention auftreten und somit eine erfolgreiche Handlungsausführung behindern. Damit eine Intention in Handlung umgesetzt und ein reibungsloser Verlauf der Zielrealisierung erreicht werden kann, muss die Handlungstendenz gegenüber anderen konkurrierenden Handlungstendenzen abgeschirmt werden. Die dafür eingesetzten Mechanismen werden Handlungskontrollstrategien genannt. Kuhl geht von verschiedenen Strategien der Handlungskontrolle aus: selektive Aufmerksamkeit, Enkodierungskontrolle, Emotionskontrolle, Motivationskontrolle, Umweltkontrolle, sparsame Informationsverarbeitung und Misserfolgsbewältigung (vgl. Heckhausen, 1989, S. 197f.; Rheinberg, 2006, S. 183). So sollten Personen Informationen, die handlungsstörend sind, ausblenden können. Weiter sollten sie negative Emotionen fernhalten und positive, handlungsfördernde Emotionen möglichst herbeiführen können. Auch die Umwelt kann im Sinne der Stärkung und Selbstverpflichtung eigener Handlungsabsichten beeinflusst werden, z.B. durch die Mitteilung der eigenen Ziele an Freunde und Bekannte. Weitere hilfreiche Kontrollstrategien sind das Vermeiden einer zu langen Abwägung von Alternativen und die Distanzierung von unerreichbaren Zielen, etwa nach einem Misserfolg.

Kuhl unterscheidet bei Personen zwei grundsätzlich unterschiedliche Zustände im Sinne von Eigenschaften oder auch zwei Kontrollmodi, nämlich die Handlungs- und die Lageorientierung, die empirisch mit dem Handlungskontrollfragebogen (HAKEMP 90 = Handlungskontrolle nach Erfolg, Misserfolg und prospektiv) überprüft werden können. Der Gebrauch von Kontrollstrategien wird nach Kuhl von handlungsorientierten Personen gefördert, nicht jedoch von lageorientierten Personen. Eine handlungsorientierte Person kann den eigenen Affekt besser regulieren als eine lageorientierte Person. Sie nimmt die Aufgabe in Angriff und ihre kognitiven Prozesse sind darauf gerichtet, den Ist-Zustand in den angestrebten Soll-Zustand zu überführen. Handlungsorientierte Personen halten sich nach Misserfolg nicht lange mit den Fehlern auf und haben den Impuls, die missliche Situation möglichst schnell zu ändern und zu verbessern.

Anders die lageorientierten Personen: Sie sind mit ihren Gedanken und Gefühlen auf ihre gegenwärtige Lage fixiert und können sich nur schlecht davon lösen, um neue Aufgaben in Angriff zu nehmen. Misserfolg können sie nicht gut verarbeiten, und es bereitet ihnen Schwierigkeiten, sich auf neue Aufgaben einzustellen, u.a. weil ihnen perseverierende Gedanken an vergangene, gegenwärtige oder zukünftige Situationen durch den Kopf gehen. Diesen Personen mangelt es an den bereits oben genannten Handlungskontrollstrategien, wie Kontrolle der eigenen Aufmerksamkeit, tiefere Verarbeitung zielbezogener Informationen oder auch Emotionskontrolle (Kuhl, 1987).

Der Test, mit dem Handlungs- und Lageorientierung (action and state orientation) erfasst werden können, enthält drei Subskalen (vgl. Rheinberg, 2004, S. 129), die nachfolgend mit Beispiel-Items beschrieben werden.

- Handlungs- und Lageorientierung nach Misserfolg
  Beispiel-Item: Wenn meine Arbeit als völlig unzureichend bezeichnet wird, dann
  a) bin ich zuerst wie gelähmt. (LO)
  b) lasse ich mich davon nicht beirren. (HO)
- Entscheidungsbezogene (prospektive) Handlungs- vs. Lageorientierung
  Beispiel-Item: Wenn ich weiß, dass bald etwas erledigt werden muss, dann
  a) muss ich mir oft einen Ruck geben, um den Anfang zu kriegen. (LO)
  b) fällt es mir leicht, es schnell hinter mich zu bringen. (HO)
- Handlungs- und Lageorientierung bei der Tätigkeitsausführung
  Beispiel-Item: Wenn ich für etwas mir Wichtiges arbeite, dann
  a) unterbreche ich gern, um etwas anderes zu tun. (LO)
  b) gehe ich so in der Arbeit auf, dass ich lange Zeit dabeibleibe. (HO)

Jede der drei Subskalen enthält zwölf Items mit jeweils einer handlungs- und einer lageorientierten Antwortalternative, von denen eine ausgewählt werden muss. Laut Kuhl sollten die Subskalen getrennt ausgewertet werden, da sie etwas Unterschiedliches vorhersagen.

Je nach Subskala hat die Lageorientierung eine etwas andere Akzentsetzung. Ist die Lageorientierung als primär *misserfolgsbezogen* zu charakterisieren, dann hängt die Person dem Misserfolg mental nach und behindert dadurch die Ausführung einer neuen Aktivität. Ist die Lageorientierung *entscheidungsbezogen*, wird das Ziel zwar nicht aufgegeben, aber auch nicht in Angriff genommen. Die Zielbindung ist abgeschwächt. Die dritte Form ist die *ausführungsbezogene* Lageorientierung. Hier wird die Handlungsintention zugunsten attraktiverer alternativer Intentionen aufgegeben.

Grundsätzlich kann sowohl eine Handlungs- als auch eine Lageorientierung sinnvoll sein, problematisch wird es jedoch, wenn die Person nicht in der Lage ist, von der Lageorientierung in die Handlungsorientierung zu wechseln, sobald die Situation eine Handlung erfordert. Lageorientierte Personen haben vor allem in Stresssituationen Probleme, den Überblick zu behalten.

In empirischen Studien zeigt sich, dass Prokrastination häufig mit einer Lageorientierung einhergeht, wie beispielsweise in der Studie von Helmke und Schrader (2000), in der die Subskala „Entscheidungsbezogene (prospektive) Handlungs- vs. Lageorientierung“ eingesetzt wurde. Nach Auffassung der Autoren zeigen aufschiebende Personen angesichts zu erledigender Aufgaben ähnliche Verhaltens- und Selbstkontrolldefizite wie lageorientierte Personen (vgl. auch Beswick & Mann, 1994; Blunt & Pychyl, 1998). Auch die Studie von Blunt und Pychyl (2005) legt einen Zusammenhang zwischen Lageorientierung und Prokrastination nahe. Studierende, die lageorientiert waren, hatten signifikant höhere Werte auf der Prokrastinationsskala als handlungsorientierte. Sie beurteilten gleichzeitig ihre persönlichen Projekte (mit Hilfe des Fragebogens zur Projektanalyse von Little, 1983) und hatten auf den Projektdimensionen „Langeweile“, „Frustration“, „Schuld“, „Ungewissheit“ höhere Werte und auf den Dimensionen „Kontrolle“, „Ergebnisse“, „Fortschritt“ niedrigere Werte als handlungsorientierte Personen.

Studien zur Prokrastination und Lageorientierung legen nahe, dass beide Konstrukte eine große Ähnlichkeit haben. So gelingt es weder lageorientierten noch prokrastinierenden Personen, ihre Intentionen erfolgreich in Handlung zu überführen, selbst wenn die anderen Bedingungen stimmen. Durch den Einsatz von Handlungskontrollstrategien gelingt es der handelnden Person, ihre Ziele und Handlungsintentionen von störenden Kognitionen und konkurrierenden Intentionen abzuschirmen und so ihr Handlungsziel zu erreichen.

Für die zukünftige Prokrastinationsforschung sind u.a. die von Kuhl herausgestellten Kontrollmechanismen (selektive Aufmerksamkeit, Enkodierungskontrolle, Emotionskontrolle, Motivationskontrolle, Umweltkontrolle, sparsame Informationsverarbeitung und Misserfolgsbewältigung) interessant, da sie lageorientierten und aufschiebenden Personen weitgehend fehlen oder in einer unvollständigen und dysfunktionalen Form vorliegen. Diese Prozesse der fehlenden Selbstregulation und Selbstkontrolle, die Kuhl für die Lageorientierung beschrieben hat, können nach Helmke und Schrader (2000) recht gut die Verhaltensdefizite von aufschiebenden Personen erklären. Ob die Handlungskontrolltheorie als ein Erklärungsansatz für aufschiebendes Verhalten angesehen wird oder ob – etwas bescheidener – die Lageorientierung als ein Korrelat von Prokrastination zu sehen ist (vgl. Schulz, 2007), wird in der Literatur unterschiedlich beurteilt. Vor allem fehlen dazu weiterführende empirische Untersuchungen, da die Anzahl der vorliegenden Studien noch recht überschaubar ist.

6.5. Zusammenfassung

Fast jeder hat eine Alltagsvorstellung darüber, wie sich Aufschiebeverhalten manifestiert, und kann über eigene Aufschiebetendenzen in bestimmten Situationen oder bei bestimmten Aufgabetypen berichten. Es liegen viele korrelative Studien vor, die Zusammenhänge zu Personenvariablen, aber auch zu Kontextmerkmalen aufzeigen. Diese zum Teil singulären Befunde werden in den unterschiedlichen theoretischen Modellen mehr oder weniger umfassend berücksichtigt. So wurden verschiedene Minitheorien oder Hypothesen, abgeleitet aus allgemeineren Theorien in anderen psychologischen Bereichen, aufgestellt und teilweise empirisch überprüft.

Schon früh zeigten sich positive Zusammenhänge zwischen akademischer Prokrastination und klinischen Merkmalen wie Depression, (Leistungs-) Angst und irrationalen Kognitionen (Rothblum et al., 1986). In der klinisch-therapeutisch orientierten Prokrastinationsforschung (vgl. Ferrari et al., 1995) wendeten Ellis und Knaus bereits in den 1970er Jahren das Therapiekonzept der RET auf Prokrastination an. Es besagt, dass unangemessene, irrationale Kognitionen zu unangemessen hinderlichen Emotionen und Verhaltensweisen (wie eben dem Aufschiebeverhalten) führen und diese irrationalen Kognitionen umstrukturiert werden müssen. Nur so kann es der Person gelingen, das Aufschiebeverhalten dauerhaft erfolgreich zu überwinden.

Bei den theoretischen Ansätzen sind zunächst die behavioralen und kognitiv-behavioralen zu unterscheiden. Bei den behavioralen Ansätzen wurden operante Konzepte der Belohnung und Bestrafung in Bezug auf Prokrastination angewendet, wobei sich aber schon bald die geringe Reichweite und eingeschränkte Erklärungsmächtigkeit dieser Modelle in Bezug auf Aufschiebeverhalten zeigte. Erfolgversprechender schien da das RET-Modell von Ellis und Knaus (1977) zu sein, das zu den kognitiv-behavioralen Ansätzen gezählt wird und bis heute im Rahmen therapeutischer Interventionen oder Trainings zur Überwindung von Prokrastination angewendet wird (u.a. Knaus, 2002; Rückert, 2011). Allerdings fehlen nach wie vor überzeugende empirische Nachweise zur Wirksamkeit dieses Ansatzes.

Ein weiterer erfolgversprechender Ansatz schien das Big-Five-Modell der Persönlichkeit von Costa und McCrae (1992) zu sein, das als nomologisches Netzwerk verwendet wird, um aufschiebendes Verhalten, insbesondere wenn es sich um das Eigenschaftsmerkmal handelt, näher zu bestimmen. Die empirischen Befunde zum Zusammenhang der Big Five und Prokrastination sind relativ einheitlich, obwohl sie mit unterschiedlichen statistisch-methodischen Verfahren ermittelt wurden. Der Hauptfaktor „Gewissenhaftigkeit" des Big-Five-Modells, der mit all seinen Teilfacetten (Kompetenz, Ordnungsliebe, Pflichtbewusstsein, Leistungsstreben, Selbstdisziplin und Besonnenheit) mit Prokrastination (trait) zusammenhängt, ist wohl die wichtigste Persönlichkeitsdimension, durch die chronische Aufschieber charakterisiert werden können. Deutlich schwächer bestimmt der Neurotizismusfaktor das Persönlichkeitsprofil des Aufschiebers, schon deshalb, weil nur bestimmte Teilfacetten wie Angst, Impulsivität und Depression mit Prokrastination zusammenhängen. Allerdings sind die Einschränkungen, die sich schon allein durch die Wahl einer Persönlichkeitstheorie als Erklärungsmodell ergeben, nicht unerheblich. Die Absicht, ein typisches Persönlichkeitsprofil eines Aufschiebers zu erstellen, anhand dessen Verhaltensprognosen gemacht werden, ist schon deshalb problematisch, weil es den typischen Aufschieber nicht gibt, sondern verschiedene Typen denkbar sind und so in der Literatur beschrieben werden. Auch können die eigentlichen Ursachen des Aufschiebens (warum hat jemand z.B. eine gering ausgeprägte Gewissenhaftigkeit) damit nicht ermittelt werden. Dazu bedarf es anderer Erklärungsansätze.

Ein weiteres theoretisches Modell kommt ursprünglich aus der Motivationspsychologie. Unter dem Oberbegriff „Erwartung-mal-Wert-Modell“ lässt sich das Modell von Eccles und Wigfield, das ursprünglich zur Vorhersage von Leistungshandeln konzipiert war, einordnen. Aber auch das Modell der Nützlichkeitserwägung von Steel ist hier zu erwähnen. Diese Modelle gehen davon aus, dass akademisches Aufschiebeverhalten mit leistungsmotiviertem Handeln im Zusammenhang steht und dieses behindert. Untersuchungen zeigen, dass Erwartungs- und Wertvariablen im signifikanten Zusammenhang mit Prokrastination stehen: Je niedriger die Erwartungs- und Wertvariablen einer Person sind, desto stärker sollte sie zögern und aufschieben. In dem Modell von Eccles und Wigfield zählen zu den Erwartungsvariablen das Fähigkeitsselbstkonzept und die Erfolgserwartung. Die Fähigkeit, Prüfungen, Klausuren etc. nach einem strukturierten Zeitplan vorbereiten zu können, hängt eng mit der Erfolgserwartung der Person zusammen. Kurz gesagt, eine gute Organisation und ein strukturiertes Zeitmanagement sollten mit einer hohen Erwartung und folglich einer geringen Ausprägung der Prokrastination einhergehen (Callies, 2012; Rustemeyer & Rausch, 2007). Steel (2007, 2011) nimmt eine Erweiterung des Erwartung-mal-Wert-Modells um zwei weitere Variablen vor, nämlich „Anfälligkeit für Prokrastination“ und „persönliche Aufschiebetendenz“. Zur Überprüfung der empirischen Voraussetzungen seines Nützlichkeitsmodells führt Steel (2007) eine Metaanalyse durch, und als Strukturierungsansatz bedient er sich des Big-Five-Modells. Eine grundlegende Schwierigkeit beim Modell von Steel (2007) stellen die teilweise unscharfen Definitionen der einzelnen Modellparameter dar, die nicht eindeutig und trennscharf operationalisiert sind. Weiter fehlt auch hier eine empirische Bestätigung des Modells bzw. einzelner Modellkomponenten.

Gegenwärtig scheint der weitreichendste theoretische Ansatz, unter den sich viele Befunde einordnen lassen, das Modell der Handlungsphasen zu sein. Beim sogenannten Rubikonmodell der Handlungsphasen von Heckhausen wird prinzipiell davon ausgegangen, dass in jeder der vier Phasen (Abwägen, Planen, Handeln und Bewerten) Aufschiebeverhalten zum Ausdruck kommen kann, wenn auch mit unterschiedlicher Akzentuierung. Die meisten Autoren sehen jedoch die beiden volitionalen Phasen (Planen und Handeln) als die für Prokrastination zentralen Prozessphasen. Selbst wenn die Handlungsinitiierung stattfindet, kommt es nicht oder nur verzögert zur geplanten Handlungsausführung. Die Bewertung der (aufgeschobenen) Handlung spielt bei Prokrastinierern sicher auch eine Rolle, aber eine eher untergeordnete.

Die in den 1980er Jahren von Kuhl entwickelte Handlungskontrolltheorie ähnelt dem Modell von Heckhausen, nur erscheint sie realitätsnäher. Gründe hierfür liegen darin, dass die einzelnen Intentionen in Beziehung zu konkurrierenden Intentionen gesehen werden (Störquellen werden bewusst berücksichtigt), was bei der Analyse der sogenannten Handlungskontrollstrategien deutlich wird. Das Konzept der Handlungs- und Lageorientierung bietet einen Schlüssel zum Verständnis von Aufschiebern. Lageorientierte Personen, denen im Gegensatz zu handlungsorientierten Personen die Kontrollstrategien, mit denen sie ihre gefassten Handlungsintentionen gegen konkurrierende Motivationstendenzen abschirmen können, weitgehend fehlen, können schlecht Misserfolg verarbeiten, und sie haben Schwierigkeiten, sich auf neue Aufgaben einzustellen.

7. Interventionsansätze zur Überwindung des Aufschiebeverhaltens

In diesem Kapitel werden unterschiedliche Trainings- und Interventionsansätze zur Überwindung von Prokrastination vorgestellt. Die Ansätze basieren auf theoretischen Annahmen und Modellen, die teilweise ausführlich im Kapitel 6 beschrieben sind. Einige basieren auf relativ einfachen theoretischen Annahmen, andere hingegen auf komplexen theoretischen Modellen. Die folgende Auswahl von Interventionsansätzen erhebt keinen Anspruch auf Vollständigkeit, die Ansätze wurden vielmehr nach folgenden Kriterien ausgewählt: a) die Intervention sollte theoretisch fundiert sein, b) die einzelnen Schritte sollten nachvollziehbar beschrieben worden sein und c) die Intervention sollte möglichst wissenschaftlich überprüft worden sein.

7.1. Trainings zum Zeitmanagement

Ein gutes Zeitmanagement bezeichnet die Fähigkeit einer Person, die ihr zur Verfügung stehende Zeit bewusst und effizient zu verwenden. Damit ist nicht unbedingt gemeint, dass immer noch mehr Raum geschaffen wird für weitere Aktivitäten, sondern dass die verfügbare Zeit intensiver und bewusster, etwa auch für nicht berufliche Dinge, genutzt werden kann (Seiwert, 2007). Dazu wird in der Regel auf den Einsatz technischer Hilfsmittel wie etwa Terminkalender, die Anwendung von Planungstechniken und Methoden der Ziel- und Prioritätensetzung verwiesen. In entsprechenden Trainings werden diese Möglichkeiten gezielt eingeübt.

Ausgehend von Befunden, die zeigen, dass Personen, die im akademischen Bereich zu chronischem (oder auch situativ) bedingtem Aufschieben neigen, Schwierigkeiten haben, nach einem strukturierten Arbeitsplan zu lernen (Lay & Schouwenburg, 1993), liegt es nahe, das bei vielen Personen offensichtlich unzureichende Zeitmanagement positiv zu verändern.

So kommen auch Schouwenburg und Groenewoud (2001, p. 239) aufgrund ihrer Studie zu der Auffassung, dass dysfunktionale Prokrastination in erster Linie ein Verhaltensproblem und weniger ein motivationales oder intentionales ist, und plädieren deshalb für eine Änderung des unangemessenen Verhaltens.

Van Eerde (2003b) überprüfte den Einfluss eines Zeitmanagementtrainings auf selbst berichtete Prokrastination in einem quasiexperimentellen Design: Treatment/Kontrollgruppe x Pretest/Posttest (2 x 2). An einem 1,5-tägigen Workshop eines kommerziellen Trainingsinstituts nahmen insgesamt 37 Personen (davon 75 Prozent Männer) aus verschiedenen Organisationen teil; sie wurden in Gruppen von acht bis elf Personen geschult. Außerdem gab es eine Kontrollgruppe mit 14 Personen. Die Frauen und Männer wurden angehalten, ihre persönlichen Ziele sowie die Verantwortlichkeit für die Arbeit zu bestimmen und die Wichtigkeit von Aktivitäten festzulegen. Weiter wurden unterstützende Techniken vermittelt. Prokrastination wurde nicht mit einem der oben genannten Prokrastinationsfragebogen erfasst, sondern es wurde ein Fragebogen zum Vermeidungsverhalten in Bezug auf einen konkreten Termin (avoidence reactions to a deadline) vorgegeben und ein Fragebogen zur Besorgnis hinsichtlich der eigenen Arbeit (worrying) eingesetzt (vgl. van Eerde, 2003b, p. 433). Zwischen der ersten Messung (vor dem Training) und der zweiten Messung lagen vier Wochen. Die Ergebnisse zeigen, dass die trainierten Frauen und Männer im Vergleich zur Kontrollgruppe einen größeren Zuwachs an effektivem Zeitmanagement hatten. Außerdem berichteten sie eine Abnahme der Angstkomponente „Besorgnis“ (worrying) bezüglich ihrer eigenen Arbeit und eine Reduzierung ihrer Vermeidungsreaktionen.

Einzelne Elemente des Zeitmanagements werden aber auch in vielen anderen Interventionsansätzen (mit-)eingesetzt; wenn dies der Fall ist, wird von uns an entsprechender Stelle darauf verwiesen.

7.2. Kognitiv-verhaltenstherapeutische Selbsthilfetrainings

Bereits in den 1970er Jahren wurde von Ellis und Knaus (1977) ein therapeutischer Ansatz zur Reduzierung von Aufschiebeverhalten auf der Basis der Rational-Emotiven Therapie (RET) veröffentlicht, der dann von Knaus (2002) überarbeitet als Selbsthilfeprogramm zur Überwindung von Prokrastination neu herausgegeben wurde. Einige Grundannahmen dieses therapeutischen Konzeptes – etwa die aktive Bearbeitung zugrunde liegender negativer Denkmuster und Einstellungen von Prokrastinierern – wurden später von Rückert (2011) und auch anderen Autoren in die Trainingskonzepte übernommen.

Rückert veröffentlichte 1999 das Buch „Schluss mit dem ewigen Aufschieben: Wie Sie umsetzen, was Sie sich vornehmen“, das 2011 bereits in der siebten Auflage erschienen ist. In diesem Buch will der Autor Personen, die zur Prokrastination neigen, mit Hilfe des BAR-Programms (Bewusstheit, Aktion und Rechenschaft) zur Verhaltensänderung anleiten. Dabei bezieht sich Rückert nicht nur auf akademische, sondern auch auf allgemeine Prokrastination. Er unterscheidet drei Arten des Aufschiebens: allgegenwärtiges oder harmloses Aufschieben, problematisches Aufschieben und hartes Aufschieben (Rückert, 2011, S. 26), und beschäftigt sich mit den beiden letzten Formen, weil diese seiner Ansicht nach zu Leiden führen und mit Angst, Scham, Kontrollverlust und Lähmung einhergehen. Das BAR-Programm ist ein selbst geleitetes Training, das Verhaltensänderung anleitet, die bis zur Aufgabe des Aufschiebeverhaltens führen soll. In dem Programm kommen unter anderem Methoden der Verhaltenstherapie zum Einsatz. Das BAR-Programm beinhaltet drei Etappen: Bewusstheit, Aktion und Rechenschaft.

Bewusstheit

Aufschiebeverhalten dient nach Rückert (2011, S. 174ff.) vor allem der Vermeidung von Selbstwertbedrohung und geht in der Regel mit starken negativen Gefühlen einher. Das Aufschieben stellt somit den Versuch dar, diese unangenehmen Gefühle möglichst zu verhindern, die sich konkret manifestieren können bei einer schlechten Arbeitsorganisation und unklaren Prioritätensetzung, bei unzureichend ausgeprägten Arbeitstechniken, bei einer hoch ausgeprägten Impulsivität, einem Mangel an Sorgfalt und ausgeprägtem Perfektionismus. Stattdessen werden Handlungen ausgeführt, die überwiegend mit angenehmen Gefühlen verbunden sind. Dieses Basiswissen über das Konstrukt „Prokrastination“ und die Korrelationen sind Grundvoraussetzungen für eine Minderung der Prokrastination. Ein Erkennen innerer Konflikte, das Hinterfragen alter Ziele und Denkmuster und der Aufbau neuer Einstellungen sind zielführend in diesem Abschnitt. Erst wenn die Änderung der inneren Einstellung erreicht ist, kann die nächste Stufe des Programms begonnen werden. Rückert verwendet zur Zielerreichung der Einstellungsänderung Methoden der Rational-Emotiven Verhaltenstherapie (RET oder REVT) nach Ellis.

Aktion

In dieser Etappe wird der Aufschiebende zu einer realistischen Zielsetzung, Planung und besseren Selbstorganisation mit einem effektiven Zeitmanagement angeleitet. Nach Rückert sollte eine To-do-Liste erstellt werden, die auch Vergnügen und Freizeit mit einbezieht. Auf 45 Minuten Arbeit sollten 15 Minuten Pause folgen; das wöchentliche gleich verteilte Arbeitspensum von 20 Arbeitsstunden sollte nicht überschritten werden. Die To-do-Liste muss auf Selbstkongruenz überprüft werden und nach den eigenen Prioritäten und Werten des Anwenders gestaltet sein. Wichtig ist die Unterteilung des gesetzten Ziels in kleinere Teilziele, und diese sind, z.B. auf einem Kalender, gut sichtbar zu vermerken. Bei der individuellen Motivation ist bedeutsam, dass beide Verstärkungsarten, die kennzeichnend sind für den behavioristischen Ansatz, eingesetzt werden. Durch positive Verstärkung (Belohnung) und negative Verstärkung (Entfernen des Leidensdrucks) soll das erwünschte Arbeitsverhalten erreicht werden. Daraus resultiert dann ein gesteigertes Selbstwertgefühl beim Betroffenen (Rückert, 2006, S. 28).

Rechenschaft

Durch die Dokumentierung der erzielten Veränderungen und Fortschritte kommt es zu einer Visualisierung, die die Motivation fördert. Mit den Eintragungen in ein „Veränderungslogbuch" (Rückert, 2006, S. 210) wird in vier Schritten Rechenschaft gegenüber sich selbst abgelegt: Selbstbeobachtung, Selbstkontrolle, Selbstbewertung und Selbstverstärkung. Für jeden dieser Schritte schlägt Rückert andere Maßnahmen der Protokollierung vor: z.B. für die Selbstbeobachtung eine Tabelle, in der über drei Wochen täglich durchgeführte Handlungen mit den dazugehörigen Gefühlen und Gedanken dokumentiert werden. Bei einem Aufschieber wird eine mangelnde Struktur und daraus folgender Stress zu beobachten sein. Durch die Konkretisierung des Ziels und Strukturierung des Tagesablaufs vermindert sich der Leistungsdruck, und es kommt laut Rückert (2006) zu mehr Effizienz. Über die Möglichkeit, Ablenkungen auszublenden, übt der Betroffene Selbstkontrolle aus. Nach längeren Arbeitsphasen wird in dem Logbuch mit Hilfe der Skalen eine Selbstbewertung vorgenommen, auf die dann eine belohnende Handlung entsprechend einem „Token-System" folgt.

Zusammenfassend ist festzuhalten, dass sich das BAR-Programm in die drei Stufen „Bewusstheit", „Aktion" und „Rechenschaft" gliedert. Der Bereich „Bewusstheit" leitet die aufschiebende Person zur Selbsterkenntnis und Selbstakzeptanz; die Ursachen für die Verhaltensstörung sollen aufgedeckt und mit Hilfe der RET verändert werden. Nach der Ursachenanalyse wird mit der „Aktion" eine realistische Zielsetzung unter Berücksichtigung der Selbstkongruenz eingeübt. Im Verhaltenslogbuch werden sowohl Erfolge und Fortschritte als auch Fehlschläge dokumentiert und visualisiert; über ein Belohnungsprinzip soll das antrainierte Verhalten manifestiert werden. Voraussetzung für den Erfolg des Trainings ist die Ehrlichkeit zu und die Kenntnis über sich selbst, wobei sich beide Faktoren bei aufschiebenden Personen als problematisch erweisen.

Das Training enthält viele Elemente, die in wissenschaftlichen Studien als bedeutsam herausgearbeitet wurden und auch in anderen Interventionsansätzen verwendet werden. Dazu gehören z.B. das Setzen realistischer Ziele, die Einübung und der Einsatz verhaltenstherapeutischer Techniken wie Selbstbeobachtung und Selbstbelohnung, Selbstkontrolltechniken und die Bewusstmachung begleitender Gedanken und Gefühle nach dem Modell der RET. Kritisch anzumerken ist jedoch, dass Rückert zwar – wie die meisten Selbsthilfeprogramme – eine deutliche Besserung verspricht, jedoch dafür keine systematischen empirischen Belege vorlegt.

7.3. Kognitiv-verhaltenstherapeutische Gruppentrainings (Forschergruppe der Universität Münster)

Eine gut dokumentierte Intervention zur Reduktion von Prokrastination wurde von einer Forschungsgruppe der Universität Münster entwickelt, durchgeführt und evaluiert (Höcker et al., 2008, 2009). Die Psychotherapie-Ambulanz arbeitet mit Studierenden, die ihr Aufschieben als problematisch und einschränkend empfinden. Prokrastination wird operationalisiert als ein Verhalten, bei dem Studierende unangenehme Aufgaben vor sich herschieben, keine konkreten und strukturierten Planungen und ein unrealistisches Zeitmanagement haben. Laut Höcker et al. (2008, S. 224) stehen Defizite der Selbstregulation bzw. Selbststeuerung im Vordergrund des Vermeidungsverhaltens. Weiter geht die Autorengruppe davon aus, dass „affektive, kognitive und motivationale Faktoren beteiligt sind". Ein weiterer Grund für Aufschiebeverhalten im akademischen Bereich wird in der Unstrukturiertheit bestimmter Fächer und dem Mangel an festgelegten Abgabeterminen gesehen.

Das von Beißner (2004) und Samberg (2004) entwickelte Trainingskonzept beinhaltet die beiden Module „Pünktliches Beginnen" und „Realistisches Planen", wobei die Reihenfolge keine Rolle spielt. Das Training beginnt mit einem Vorgespräch, in dem die Tendenz zur Depression mit „Beck's Depressions-Inventar" (Hautzinger, Bailer, Worall & Keller, 1994) getestet wird, und umfasst fünf Sitzungen à 90 Minuten. Die Gruppengröße variiert zwischen sechs bis acht Studierenden. Pro Modul werden zwei Sitzungen benötigt sowie ein Abschlussgespräch (fünfte Sitzung) zum Austausch der gemachten Erfahrungen. Während des Trainings wird an einer wissenschaftlichen Hausarbeit gearbeitet oder für eine Klausur gelernt. Es wird ein Lerntagebuch über fünf Wochen geführt, wobei mit den Eintragungen bereits eine Woche vor dem Training begonnen wird. Das Training beinhaltet bewusst nur zwei zentrale Problematiken der Prokrastination und basiert u. a. auf dem Handlungsphasenmodell (siehe Rubikonmodell, Kapitel 6.4.) von Heckhausen und Gollwitzer (1987), das den Studierenden in der ersten Trainingssitzung vorgestellt wird (vgl. Höcker et al, 2008, S. 224).

Modul A „Pünktlich Beginnen“
Das Modul beginnt mit der Analyse des persönlichen Arbeitsverhaltens und legt dann ein individuelles Vorgehen fest (Selbstvertrag). Weiter wird der Umgang mit Ablenkungen und Störfaktoren besprochen. Resultieren soll daraus, dass der Studierende mit seinen geplanten Arbeitseinheiten „pünktlich beginnt“, um somit gegen die Gewohnheit des Aufschiebens zu arbeiten. Unterstützend werden Belohnungen festgelegt. Die folgende Intentionsbildung oder laut Heckhausen der Schritt von der motivationalen zur volitionalen Phase (Überschreiten des Rubikons) ist ein weiterer Punkt in dieser Phase.

Modul B „Realistisch Planen“
Der gefasste Entschluss wird konkretisiert, indem als Ziel gesetzt wird, den individuellen Arbeitsprozess realistisch und detailliert zu planen. In den sogenannten Veränderungsplänen werden festgesetzte Termine eingetragen, und es wird die inhaltliche Gestaltung der Arbeitsphasen und nicht zuletzt auch der Endzeitpunkt festgelegt (Höcker et al., 2008, S. 224). Wie im Modul A findet jeweils in der zweiten Sitzung ein Erfahrungsaustausch statt, und es werden ggf. Modifikationen vorgenommen.

Das Training wird über die gesamte Zeit hinweg von täglichen Eintragungen in ein elektronisches Lerntagebuch begleitet. Eine Woche vor Beginn des Trainings beginnen die Teilnehmer mit den Eintragungen in das individuelle Lerntagebuch, mit dessen Hilfe ein Ausgangswert für die Prokrastinationstendenz (Erhebung einer Baseline) ermittelt werden kann. Weitere tägliche Angaben über das individuelle Arbeitsverhalten, über vorgeplante und tatsächlich eingehaltene Arbeitszeiten und die bewältigte Stoffmenge werden dokumentiert. Mit Hilfe der Variablen „Aufschieben in Minuten“ und „Prozent geschafft“ soll der Einfluss des absolvierten Trainings objektiv beobachtet werden. Im Modul „Realistisch Planen“ werden auch Angaben zur Konzentration und Zufriedenheit mit der Arbeitseinheit protokolliert.

Wie aus Abbildung 6 hervorgeht, wurden die Messungen zur Prokrastinationstendenz, zur Leistungsmotivation und zu den angewendeten Lernstrategien zu vier unterschiedlichen Zeitpunkten bei den teilnehmenden Studierenden erhoben.

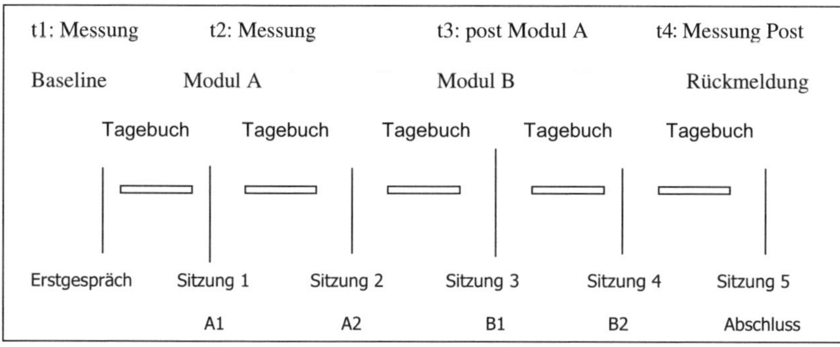

Abb. 6: Untersuchungsdesign
(A1 = 1. Sitzung des Moduls A, A2 = 2. Sitzung des Moduls A,
B1 = 1. Sitzung des Moduls B, B2 = 2. Sitzung des Moduls B)

Quelle: In Anlehnung an Höcker et al. (2008, S. 225)

Zur Messung der Prokrastinationstendenz (trait und state) wurden die beiden Fragebögen Procrastination Inventory von Aitken (1982) und Academic Procrastination State Inventory von Schouwenburg (1995) verwendet (siehe Anhang A 06 und A 010). Das Leistungsmotivationsinventar von Schuler und Prochaska (2001) gibt Auskunft über „Beharrlichkeit", „Leistungsstolz" und „Schwierigkeitspräferenz". Zur Erfassung der Lernstrategie wurden aus dem LIST-Inventar von Wild und Schiefele (1994) die Subskalen „Planung" und „ Zeitmanagement" verwendet.

Die Autoren berichten folgende Ergebnisse: Die Protokollierungen im Lerntagebuch ergaben, dass allein das Ausfüllen des elektronischen Lerntagebuchs in der Woche vor der ersten Sitzung (Baseline) die State-Prokrastination vermindert.

Ein Vergleich über die Messzeitpunkte zeigt, dass die Werte der beiden Prokrastinationsfragebogen signifikant über die fünf Sitzungen hinweg abnahmen, was für ein Absinken der Prokrastinationstendenz während der Intervention spricht. Dagegen stiegen während der Durchführung des Trainings die Werte auf den Skalen für Leistungsmotivation, Planung und Zeitmanagement merklich an. Die Auswertung der Lerntagebücher ergab eine höhere Übereinstimmung der geplanten mit der tatsächlichen Arbeitszeit, was zu einem Anstieg der Zufriedenheit mit dem Ergebnis führte.

Die Vorteile dieser speziellen Intervention werden von Höcker et al. (2008, S. 228) darin gesehen, dass sie sich auf zwei Kernaspekte des Aufschiebeverhaltens beschränkt. Die beiden Module leiten dazu an, die geplanten Arbeitseinheiten pünktlich und ohne Ablenkung zu beginnen, und schalten konkurrierende Beschäftigungsmöglichkeiten aus. Das Führen des Lerntagebuches unterstützt die Selbstbeobachtung positiv (Rechenschaft ablegen). Die Wirksamkeit der Trainingseinheiten ist statistisch belegt, allerdings ist die Nachhaltigkeit der Verhaltensänderung bisher unbewiesen.

Eine weitere Intervention von Höcker, Engberding, Haferkamp und Rist (2012), an der 59 Frauen und 57 Männer teilnahmen, beschränkt sich ausschließlich auf die Methode der „Arbeitszeitrestriktion". Dahinter steht die Idee, dass durch eine künstliche Verknappung während der Intervention die Arbeitszeit kostbarer gemacht wird und sich dadurch das Aufschiebeverhalten verbessert. Außerdem soll dadurch eine bessere Trennung zwischen Arbeitszeit und Freizeit erreicht werden. Das Prinzip der Restriktionsbehandlung wurde bereits bei der Behandlung von Schlafstörungen angewendet. Die Methode der „Arbeitszeitrestriktion" sieht vor, dass pro Tag nur in einem definierten Zeitfenster (auch Lern- oder Arbeitsfenster genannt) mit festen Anfangs- und Endzeiten gearbeitet werden darf. Minimum sind pro Arbeitstag zwei Arbeitszeitfenster von 20 Minuten. Das Lernfenster richtet sich nach den vorher erhobenen tatsächlich realisierten Arbeitszeiten der Teilnehmerinnen und Teilnehmer. Das Lernfenster konnte nicht beliebig erweitert werden, sondern dies war nur dann erlaubt, wenn die Person entsprechend einer klar definierten Ausnutzung des Arbeitszeitfensters gelernt bzw. gearbeitet hatte. Zur Überprüfung und Begleitung der Vorgaben wurde während der gesamten Zeit parallel zur Intervention täglich ein Online-Arbeitstagebuch geführt. Die Intervention umfasste verteilt auf fünf Sitzungen ca. einen Monat. Es erfolgten vier Messungen: 1) Eine Woche vor dem Training die Erfassung der Baseline, 2) erste Sitzung, 3) fünfte Sitzung und eine 4) Follow-up-Messung drei Monate nach Abschluss der Intervention.

Die Ergebnisse zeigten deutliche Effekte einer Verbesserung des Aufschiebeverhaltens und auch weiterer erfasster Variablen wie z.B. Zeitmanagement und Planung. Bei einem Vergleich der Messwerte vom ersten und dritten Messzeitpunkt reduzierte sich sowohl die State- als auch die Trait-Prokrastination signifikant. Wurden die zweite und dritte Messung miteinander verglichen, ergaben sich ebenfalls positive signifikante Veränderungen, allerdings nicht so deutlich. Auch bei dem Vergleich zwischen Messzeitpunkt 3 (Ende der Intervention) und 4 (Follow-up) ergaben sich signifikante Verbesserungen bei den Prokrastinationswerten und weiteren Fragebögenwerten. Allerdings folgten nur rund 50 Prozent der Einladung zur letzten Messung. Insgesamt kann die Intervention als erfolgreich und wohl auch als stabil betrachtet werden. Eine erweiterte Intervention mit einer Kontrollgruppe, so das Autorenteam, ist in Vorbereitung.

7.4. Kognitiv-verhaltenstherapeutisches Gruppentraining von Joseph R. Ferrari und Mitarbeiterinnen

In ihrem Buch „Procrastination and Task Avoidance, Theory, Research, and Treatment" beschreiben und definieren Ferrari et al. (1995) das Konstrukt „Prokrastination" und berichten über Forschungsergebnisse und Interventionsmaßnahmen. Die Autoren stellen u.a. auch das von ihnen selbst entwickelte und erprobte Prokrastinationstraining „Doing it now" vor. Dabei handelt es sich um ein Gruppentraining, das von den Autoren auch als Gruppentherapie bezeichnet wird. Die empfohlenen Trainings- und Behandlungsmaßnahmen gründen auf langjährigen Erfahrungen aus der Zusammenarbeit mit ca. 20 Studentenberatungsstellen (Ferrari et al., 1995).

Die Autoren halten eine Unterteilung in drei distinkte Prokrastinationsgruppen für sinnvoll: Studierende, Erwachsene/Nichtstudierende und untypische Aufschieber (Ferrari et al., 1995, p. 190). Je nach Gruppenzuordnung sollten spezielle Interventionsmaßnahmen (u.a. kognitive, behaviorale und therapeutische Maßnahmen) Anwendung finden. Im Folgenden wird schwerpunktmäßig auf das Training für Studierende eingegangen. Bei typischen Aufschiebern ist aus Sicht der Autoren entweder das *neurotische Vermeidungsverhalten* in Verbindung mit Angst oder der *Mangel an Gewissenhaftigkeit und Pflichtgefühl* in Verbindung mit Impulsivität und der Suche nach Erregung ursächlich (Ferrari et al., 1995, p. 197). Es können auch beide Aspekte des Aufschiebens bei einer Person vorliegen. Eine Ursachenidentifizierung und -reduzierung ist notwendig, um Prokrastination zu vermindern. Nach Auffassung der Autoren müssen irrationale Einstellungen und Ängste verändert werden, und es muss eine optimale Zeitplanung umgesetzt werden (Ferrari et al., 1995, p. 201 ff.).

Vor Beginn des „Doing it now"-Trainings werden alle Teilnehmerinnen und Teilnehmer auf psychische Auffälligkeiten getestet; bei zu hohen Werten ist eine Teilnahme nicht möglich. Das zehn Sitzungen (à 80 bis 90 Minuten) umfassende und im wöchentlichen Abstand stattfindende Training beinhaltet auch die Erledigungen von Hausaufgaben und Arbeiten in der Gruppe (Ferrari et al., 1995, p. 204 ff.).

1. bis 4. Sitzung: Selbstbeobachtung und Entspannungsübungen

In der ersten Sitzung erfolgt eine Messung der Prokrastinationstendenz mit den Fragebögen des Aitken Procrastination Inventory oder des Adult Inventory of Procrastination. Zentraler Punkt der ersten, zweiten und dritten Sitzung ist die Selbstbeobachtung. In Hausaufgaben sollen die Teilnehmerinnen und Teilnehmer Momente aufzeichnen, in denen sie bewusst aufschieben, und eine Liste mit zehn Einstellungen (cognitions), die Prokrastination fördern, anfertigen. In der dritten Sitzung werden Entspannungsübungen erlernt, die täglich angewendet werden sollen. Die persönliche Ängstlichkeit wird eingeschätzt, und angstauslösende Situationen sollen aufgezeichnet und in einer Skala erfasst werden. In der vierten Sitzung erfolgt nochmals die Durchführung der schon erlernten Entspannungsübungen.

5. bis 7. Sitzung: Realistische Zeitplanung und Ablegen irrationaler Einstellungen

Eine realistische Zeitplanung hängt enger mit der Selbstwirksamkeitserwartung der Person als mit ihren irrationalen Einstellungen und Erwartungen zusammen. Unrealistische Erwartungen, die entweder zu niedrig oder unangemessen hoch sein können, haben Auswirkungen auf die Kognitionen, Emotionen und das Verhalten. Sind Erwartungen unrealistisch niedrig, treten Angst und Vermeidungsverhalten auf. Die Folge davon sind noch größere Angst und noch stärkeres Vermeidungsverhalten. Sind Erwartungen jedoch zu hoch, ist die Zeitplanung der Person unrealistisch, da weniger Zeit veranschlagt wird, als für die Aufgabenbewältigung notwendig ist. Auch das führt in der Konsequenz zu Vermeidungsverhalten, wenn deutlich wird, dass die Zeit nicht ausreicht. Als Hausaufgabe erhalten die Teilnehmerinnen und Teilnehmer die Aufgabe, die für eine bestimmte Arbeit benötigte Zeit erst zu schätzen und dann die reale Zeit zu protokollieren. Nach erlebter Fehleinschätzung werden sie angeleitet, die veranschlagte Zeit zu verdoppeln. In der siebten Sitzung wird eine aufgeschobene Arbeit in kleinere Teilziele untergliedert und das Zeitbudget geschätzt. Diese Aufgabe soll im Laufe einer Woche erledigt werden.

8. bis 10. Sitzung: Langfristigkeit

In der achten Sitzung erarbeiten die Teilnehmer individuelle Strategien zur Verminderung ihres Aufschiebeverhaltens und erstellen einen Dreimonatsplan für längerfristige Aufgaben. Berücksichtigt werden müssen weiterhin mögliche Schwierigkeiten und der geplante Zeitaufwand (Ferrari et al., 1995, p. 208). Verhaltensänderungen stellen langfristige Prozesse dar und sollen zur Automatisierung des gelernten Verhaltens führen. Die abschließende zehnte Sitzung umfasst Wiederholungen und die Zusammenfassung des Trainings.

In den zehn Sitzungen dieses Trainings werden sowohl kognitive als auch behaviorale Therapieaspekte mit der Zeitmanagementkomponente zusammen verwendet. Gruppenarbeit und Hausaufgaben unterstützen den Erfahrungsaustausch. Unmittelbar nach dem Training konnte eine deutliche

Verbesserung der Werte auf der Aitken Procrastination Scale festgestellt werden (Ferrari et al., 1995, p. 204). Messungen nach drei, sechs und zwölf Monaten zeigten als Ergebnis die Abnahme der Prokrastinationstendenz. Erfolge hängen nach Auffassung der Autoren mit dem Rückhalt in der Gruppe und der erlernten Selbstbeobachtung zusammen. Leider sind die Ergebnisse des Trainings nur relativ knapp dargestellt.

7.5. Zusammenfassung

In der Literatur existieren verschiedene Trainings- und Interventionsansätze, die unterschiedliche Schwerpunktsetzungen hinsichtlich des Phänomens „Aufschieben" vertreten. Einige sind teils wissenschaftlich, teils alltagspsychologisch begründet, und eine Evaluation wurde bzw. wird nicht angestrebt, sodass kein statistisch nachweisbarer Effekt der Wirksamkeit vorliegt. Dies betrifft vor allem die verschiedenen Selbsthilfeprogramme, wie beispielsweise von Basco (2010), Knaus (2002), Rückert (2006) und Seiwert (2007). Die einzelnen Ansätze enthalten jedoch auch viele Übereinstimmungen.

Die Interventionsmaßnahmen reichen von Selbsthilfeprogrammen über quasiexperimentelle Interventionen (van Eerde, 2003b) bis hin zu evaluierten Trainings mit mehreren Messzeitpunkten, die u.a. von universitären Beratungsstellen durchgeführt wurden (Ferrari et al., 1995; Höcker et al., 2008; Höcker et al., 2012; Horebeek et al., 2004; Rist et al., 2006).

Die Interventionen zielen auf die konkrete Veränderung des Aufschiebeverhaltens und die Einübung der geänderten Verhaltensweisen, die durch Selbstkontrollmaßnahmen (wie Selbstbeobachtung, Protokollierung der benötigten Zeit, Erstellung und Überwachung von Veränderungsplänen) unterstützt werden. Die meisten der hier vorgestellten Interventionen setzen unmittelbar an dem Problem des inadäquaten Zeitmanagements der Teilnehmerinnen und Teilnehmer an.

Bei Maßnahmen, die als Gruppentraining durchgeführt werden, wird der Gruppeneinfluss quasi als Methode (Rückhalt in der Gruppe, sozialer Vergleich mit Gruppenmitgliedern) unterstützend bei der Überwindung von Prokrastination eingesetzt. Der Erfahrungsaustausch zwischen den Gruppenmitgliedern, aber auch die Beobachtung anderer Teilnehmer, die eine Aufgabe erfolgreich erledigt haben, wirken zusätzlich verstärkend. Dies Vorgehen ist bei den alters- und ausbildungsmäßig relativ homogenen studentischen Gruppen gut geeignet, weil Teilnehmerinnen und Teilnehmer dieser Altersgruppe für soziale Unterstützung und soziale Rückmeldungen besonders empfänglich sind (vgl. Schouwenburg, 2004).

Bei den Interventionen kommen kognitiv-verhaltenstherapeutische Strategien und Techniken zum Einsatz. Zuerst findet eine Phase der mehr oder weniger intensiven Analyse des aktuellen Zustandes statt, in der die Teilnehmerinnen und Teilnehmer für ihr problematisches Arbeitsverhalten sensibilisiert werden und die Motivation zur Veränderung angeregt wird. Danach werden Veränderungsmöglichkeiten (Zielsetzungen, Veränderungspläne etc.) aufgezeigt und in der Gruppe eingeübt, und die Wirksamkeit wird reflektiert. Dass die Spezifizierung und Konkretisierung von Zielen und Plänen ein zentraler Inhalt von Prokrastinationstrainings ist, wird auch von Schouwenburg (2004) betont, der verschiedene Interventionsprogramme miteinander vergleicht. Nach Auffassung des Autors handelt es sich um eine sehr effektive Komponente der Interventionsprogramme, weil damit der zentrale Kern der „Verhaltensprokrastination" angegangen wird.

Während sich die Intervention der Forschergruppe aus Münster (Höcker et al., 2008, 2009) gezielt nur auf zwei grundlegende Merkmale des Aufschiebeverhaltens, nämlich „Unpünktlichkeit" und „unzureichende, unrealistische Planung" konzentriert, ist das Gruppentraining von Ferrari et al. (1995) zeitlich und inhaltlich umfassender und insgesamt über einen längeren Zeitraum konzipiert. In dem Gruppentraining wird zunächst eine Analysephase der verursachenden Faktoren des Aufschiebeverhaltens durchgeführt. Irrationale Einstellungen und Erwartungen, Angst und mangelndes Pflichtbewusstsein sollen erkannt und möglichst abgebaut werden. Erst dann werden die Interventionselemente „realistische und optimale Zeitplanung" eingesetzt. Somit werden bei Ferrari et al. (1995) die Bewusstmachung und gezielte Veränderung irrationaler Einstellungen und Erwartungen bereits zu Beginn der Intervention eingesetzt, während diese Phase bei der Forschergruppe aus Münster fehlt. Auch wenn nicht auszuschließen ist, dass bei den Teilnehmern indirekt eine Aufarbeitung und Veränderung irrationaler Einstellungen und Erwartungen erfolgt, konzentriert sich die Intervention primär auf eine reine Verhaltensänderung. Die Konzentration auf nur zwei Module (vgl. Höcker et al., 2008) oder lediglich auf die Variable „Arbeitszeitrestriktion" (vgl. Höcker et al., 2012) sieht das Autorenteam durchaus als Vorteil ihrer beiden Interventionsprogramme. Die Ergebnisse von Höcker et al. (2008, 2009, 2012) belegen, dass es sinnvoll sein kann, an den konkreten Problemen des Aufschiebeverhaltens zu arbeiten, weil der dadurch erfahrene Erfolg ja tatsächlich zu einer Veränderung des Aufschiebeverhaltens führt. Ob die erzielten Veränderungen tatsächlich einen langfristigen Effekt haben, also zeitlich stabil bleiben, ist jedoch noch nicht zweifelsfrei nachgewiesen.

Rückert (2006) setzt im BAR-Programm explizit Methoden der Rational-Emotiven Therapie ein, weil für ihn unangenehme Emotionen und die damit eng verbundenen inadäquaten Kognitionen ausschlaggebend sind für das Aufschiebeverhalten. So müssen nach Rückert erst die Einstellungen des Betroffenen geändert werden, bevor eine Verhaltensänderung erfolgen kann.

In allen vorliegenden Trainings und Interventionen wird in irgendeiner Form die Idee des „Rechenschaft ablegen“ vertreten und realisiert. Das kann etwa in Form eines Lerntagebuchs oder Logbuchs geschehen, das die Teilnehmer und Teilnehmerinnen führen. So entsteht einerseits den Gruppenmitgliedern und andererseits den Durchführenden gegenüber ein Verpflichtungsgefühl und es werden, wenn auch nur indirekt anhand des Lerntagebuchs, die Fortschritte kontrolliert.

Problematisch bei Selbsthilfetrainings wie die von Basco (2010), Knaus (2002), Rückert (2006) oder Seiwert (2005, 2007) ist die grundlegende „optimistische“ Annahme, dass die Intervention durch Selbstreflexion, Selbstbeobachtung und -kontrolle der Person gelingt. Dabei werden gerade diejenigen Fähigkeiten gefordert, die ein Problem für Prokrastinierer darstellen, wie etwa die Wahrnehmung eigener Fähigkeiten oder die Einschätzung der Zeit, die benötigt wird, eine Aufgabe zu bearbeiten. So ist auch die fehlende Selbstregulation und gering ausgeprägte Gewissenhaftigkeit sowie die Neigung zur Impulsivität, die häufig bei Aufschiebern zu finden sind, beim Einsatz von Selbsthilfetrainings problematisch. Die Person muss sich selbst gegenüber ehrlich sein und über genügend Selbstkontrolle verfügen, um die Trainingsangaben konsequent zu befolgen. Dennoch können Selbsthilferatgeber motivieren, sich mit dem Aufschiebeverhalten auseinanderzusetzen, und somit den Einstieg in eine professionelle Intervention erleichtern.

Alle Trainings gehen von einer zumindest kurzfristigen Wirksamkeit bzw. Verringerung des Aufschiebeverhaltens aus bzw. postulieren diese Wirksamkeit wie etwa das Selbsthilfetraining von Rückert (2006). Für einen dauerhaften Erfolg scheinen jedoch längerfristige Maßnahmen und Interventionen, die sich nicht nur primär auf das problematische Verhalten der aufschiebenden Personen richten (vgl. Höcker et al., 2008, 2009, 2012; Rist et al., 2006), geeigneter und erfolgversprechender zu sein. Gleichzeitig mit dem Verhaltensänderungsprogramm sollte auch explizit die kognitive Komponente berücksichtigt werden, indem an unangemessenen Erwartungen und irrationalen Überzeugungen gearbeitet wird. Allerdings liegen im deutschsprachigen Raum so gut wie keine überprüften Interventionsmaßnahmen vor, sodass die Maßnahmen von Callies (2012), Höcker et al. (2008, 2009, 2012) sowie Rist et al. (2006) die Ausnahmen bilden.

8. Forschungsdesiderata und zukünftige Entwicklungen

In diesem Buch wurde das weitverbreitete Phänomen des Verzögerns und Verschiebens von Aufgaben theoretisch und empirisch näher beleuchtet. Obwohl Prokrastination sowohl im alltäglichen Leben als auch bei typisch akademischen Aufgaben auftritt, konzentriert sich die Forschung primär auf das Verzögern bei akademischen Aufgaben und Tätigkeiten. Für diesen Forschungsbereich liegt inzwischen eine hinreichend große Anzahl empirischer Studien vor. Im Kontext von Lern- und Leistungsverhalten in der Schule, im Studium und in der Ausbildung ist Prokrastination besonders behindernd, da Leistungsverhalten und somit auch die resultierenden Leistungen nicht in dem Maße eingesetzt und erbracht werden, wie es möglich und wünschbar wäre. Zugleich sind der „Leidensdruck“ und der Wunsch nach Veränderung selbstschädigenden Verhaltens im Studium bei den meisten Studierenden, aber auch später im Berufsleben sehr hoch, was sich u.a. am starken Interesse an Seminaren und Trainingsmaßnahmen und der weitverbreiteten Selbsthilfeliteratur ablesen lässt.

Nicht zufällig kommen die ersten theoretischen Überlegungen zur genaueren Beschreibung und Erklärung des Phänomens „Prokrastination“ aus dem psychotherapeutischen Bereich (vgl. Ellis & Knaus, 1977) und finden dort bis heute Anwendung, wenn es darum geht, Aufschiebeverhalten zu verändern, entweder mit fremder Hilfe oder in Form von Selbsthilfe. Zur theoretischen Klärung trägt dieser Ansatz nur bedingt bei, schon deshalb, weil bei der RET primär unangemessene Kognitionen (und deren Veränderung) im Vordergrund stehen. Diese kognitiv-behaviorale Sichtweise ist für die theoretische Erklärung von Prokrastination wichtig, aber sie konzentriert sich nur auf einen Aspekt des Aufschiebeverhaltens. Mit Hilfe der RET kann sehr gut aufgezeigt werden, warum Personen mit bestimmten Überzeugungen (z.B. „Aufgaben sollten einfach zu lösen sein“ oder „Wenn ich die Aufgabe nicht schaffe, bin ich ein Versager“) und den zugehörigen emotionalen Befindlichkeiten dazu neigen, Aufgaben aufzuschieben oder sogar zu vermeiden. Insbesondere die negativen emotionalen Begleiterscheinungen von aufschiebendem Verhalten können damit alltagstauglich und praxisnah bearbeitet werden.

Die anfängliche Theorielosigkeit in der Untersuchung des Phänomens „Prokrastination" wird dadurch augenscheinlich, dass verschiedene Hypothesen und (Mini-)Theorien in der Forschung vertreten wurden bzw. auch heute noch publiziert werden. Bereits bei der Beschreibung des Konstrukts setzen Forscherinnen und Forscher unterschiedliche Schwerpunkte. Die geringe theoretische Fundierung und Vernetzung bereits vorliegender Arbeiten zeigt sich in einer Fülle von Merkmalen, die mit Prokrastination korreliert wurden, angefangen bei Personen- bis hin zu Aufgabenmerkmalen. Ohne ein theoretisches Netzwerk sind diese Korrelationen jedoch relativ beliebig interpretierbar, teilweise widersprüchlich und letztendlich wenig aussagekräftig.

Ob beispielsweise das Aufschiebeverhalten als eine stabile Persönlichkeitseigenschaft oder als ein situationsabhängiges Merkmal konzipiert wird, ist vor allem ein theoretisches Problem und hängt nicht zuletzt von den eingesetzten Messinstrumenten ab. So wird diese Unterscheidung für die alltägliche Prokrastination nicht erforscht (s. Tab. 2, Messinstrumente), obwohl man leicht Beispiele finden könnte, die für eine situative Prokrastination sprechen. Für die Praxis ist die Differenzierung weniger relevant. Hinzu kommt, dass beide Formen des Aufschiebeverhaltens in den meisten Studien sehr hoch miteinander korrelieren, sodass es fraglich ist, ob es sich bei diesen beiden Formen tatsächlich um unabhängige Konstrukte handelt oder ob sich deutlich überschneidende Konstrukte vorliegen.

Nur wenige Hinweise gibt es bislang zu den Entwicklungsbedingungen von Prokrastination. Auch Schüler und Schülerinnen schieben gerne Aufgaben auf die lange Bank und vertrödeln ihre Zeit, was aber wenig untersucht worden ist, und wenn, dann am ehesten im deutschsprachigen Raum mit dem Fragebogen zur Anstrengungsvermeidung von Rollett und Bartram (1998). Möglicherweise hat sich bei Kindern und Jugendlichen die Überzeugung, dass es sich dabei um problematisches, leistungsschädigendes Verhalten handelt, noch nicht ausgebildet. Das Vorbild des Elternhauses, das häufig zunächst unreflektiert übernommen wird, und auch der elterliche Erziehungsstil scheinen eine wichtige Rolle zu spielen (Rosario et al., 2009).

Die in der aktuellen Forschung vertretenen Modellvorstellungen gehören zu unterschiedlichen psychologischen Schulen, und es ist – zumindest zum jetzigen Zeitpunkt – keine integrative Theorie in Sicht, die die unterschiedlichen Ansätze vereinen könnte. Vor allem zwei Ansätze haben sich als theoretisch und empirisch fruchtbar erwiesen, nämlich der persönlichkeitspsychologische Ansatz auf der Basis des Modells von Costa und McCrae und der Ansatz zur Handlungsregulation. Beide Ansätze bieten ein differenziertes nomologisches Netzwerk, indem Zusammenhänge mit (Persönlichkeits-)Variablen modelliert werden können. Allerdings unterscheiden sich beide Modelle grundlegend, da sie unterschiedlichen wissenschaftlichen Paradigmen angehören. Das Big-Five-Persönlichkeitsmodell rekonstruiert Prokrastination als ein Persönlichkeitsmerkmal und richtet sich somit nicht auf situationsabhängiges Aufschiebeverhalten.

Damit ist als wichtiger Kritikpunkt dieses theoretischen Rahmenmodells die Vernachlässigung sozialer und situativer Einflüsse auf das Aufschiebeverhalten zu nennen. Diese können in anderen theoretischen Modellen wesentlich besser berücksichtigt werden. Eine zweite wichtige Begrenzung des Big-Five-Modells in der Anwendung auf Prokrastination liegt darin, dass keine aussagekräftigen individuellen Verhaltenserklärungen aufgrund der ermittelten Wesenszüge möglich sind. Dahinter steht die grundlegende Frage, ob nämlich die „Wesenszugkonstrukte der Persönlichkeit, die bei der Untersuchung von Unterschieden zwischen Individuen in der Population identifiziert wurden“, auf der individuellen Ebene Verhalten sinnvoll erklären können (Pervin et al., 2005, S. 337).

Ob und welchen praktischen Wert das Big-Five-Modell für den Bereich der Einflussnahme und Veränderung bei aufschiebendem Verhalten besitzt, ist also keineswegs klar. Veränderungen des Aufschiebeverhaltens, z.B. durch Interventionen, dürften nach diesem Modell schwer zu erreichen sein, da es sich bei den Big-Five-Faktoren „Gewissenhaftigkeit“ und „Neurotizismus“, die für die Erklärung von Prokrastination wichtig sind, um stabile, relativ dauerhafte Persönlichkeitsmerkmale handelt. Weiter bestimmen der Anteil und die Stärke der Teilfacetten eines Faktors mit darüber, welche Ausprägung die Prokrastination zeigt. So hat eine Personengruppe einfach ein schlechtes Zeitmanagement und somit Schwierigkeiten, Aufgaben sinnvoll und zielgerecht zu erledigen, kann keine Prioritäten setzen und widmet sich stattdessen unwichtigen Aufgaben und Tätigkeiten. Eine andere Personengruppe kann sich schlecht konzentrieren, lässt sich leicht von anderen, angenehmen Reizen ablenken und schiebt deshalb die Aufgabenbearbeitung hinaus. Eine dritte Personengruppe schiebt auf, weil sie Angst vor Misserfolg hat, an den eigenen Fähigkeiten zweifelt und deshalb lieber die Beschäftigung mit einer schwierigen Aufgabe möglichst lange vermeidet. Und es sind noch weitere Gruppen denkbar, die sich durch ein spezifisches Persönlichkeitsprofil charakterisieren ließen. Wird also beim Aufschiebeverhalten einer Person von einer relativ starren Persönlichkeitsstruktur ausgegangen, wie einer sehr gering ausgeprägten Gewissenhaftigkeit oder einer sehr hohen Impulsivität, die zu einer fehlenden Anpassung an bestimmte fordernde Umweltgegebenheiten und zu Problemen im zwischenmenschlichen Bereich und am Arbeitsplatz führen, dann ist eine Änderung dieser Persönlichkeitsstruktur zumindest kurzfristig nicht zu erreichen. Gegebenenfalls ist sogar zu prüfen, ob nicht eine Persönlichkeitsstörung vorliegt, die nach einer sorgfältigen Anamnese psychotherapeutisch zu behandeln wäre (vgl. Schouwenburg, 2004).

Erfolgversprechend ist zurzeit das Handlungsphasenmodell, das einen weiten Rahmen bietet, um Prokrastination zu beschreiben und zu erklären. Auch wenn – so die Auffassung einiger Autorinnen und Autoren – aufschiebendes Verhalten in allen Teilphasen des Modells von der Abwägung und der Wünschbarkeit von Handlungsoptionen bis zum eigentlichen Handeln und zur abschließenden Bewertung auftreten kann, wird heute überwiegend die Überzeugung vertreten, dass Prokrastination auf ein Defizit in den beiden volitionalen Phasen des Planens und Handelns zurückzuführen ist. Prokrastination kann somit im Handlungsphasenmodell als eine spezifische Form der unzureichenden Selbstregulation vor allem im volitionalen, aber auch im motivationalen Bereich angesehen werden (Helmke & Schrader, 2000; Jorke, 2007; Schulz, 2007). Forscht man jedoch nach empirischen Arbeiten, die etwa belegen, dass die Planungsfähigkeit und die Zielsetzung von Aufschiebern defizitär sind, sind auch hier direkte Nachweise kaum zu finden. Bislang nicht überprüft, weil empirisch-methodisch nur aufwendig zu realisieren, ist die Überprüfung von Aufschiebeverhalten in einem chronologisch verlaufenden Prozess, der prinzipiell alle Phasen von der Zielsetzung bis zur Handlungsbewertung mit entsprechenden Rücklaufschleifen umfasst und dokumentiert. Hier sind noch viele Forschungsanstrengungen erforderlich, um aus Sicht dieser Theorie die Beziehung zwischen Prokrastination und den verschiedenen Variablen wie „Selbstwirksamkeitserwartungen“, „Intentions-Verhaltens-Diskrepanz“, „Leistungsängste“, „Zeitmanagement“ usw. herauszuarbeiten. Weitere empirische Forschung ist auch in Bezug auf die Handlungskontrolltheorie von Kuhl notwendig. Das Konstrukt der Lageorientierung leistet einen wichtigen Beitrag zur Prokrastinationsforschung; es ist aber nicht geklärt, ob die Lageorientierung ein Erklärungsansatz für aufschiebendes Verhalten ist oder lediglich ein Korrelat von Prokrastination.

Die in diesem Buch vorgestellten Interventionen zur Überwindung von Prokrastination können zumindest kurzfristige Erfolge vorweisen. Sie konzentrieren sich überwiegend auf die Änderung des problematischen Verhaltens und die Veränderung unangemessener Kognitionen und arbeiten dabei überwiegend mit Methoden der kognitiven Verhaltenstherapie. Unter den häufig gegebenen zeitlichen Beschränkungen sind diese Interventionen die beste Möglichkeit, kurzfristige Erfolge zu erzielen, die bei der Verminderung unerwünschten Verhaltens helfen können. Sie sind aber weniger darauf ausgerichtet, Prokrastination dauerhaft zu „heilen". Dafür fehlt bislang eine überzeugende empirische Bestätigung. Schouwenburg (2005, p. 199) vermutet deshalb, dass diese Interventionen vor allem geeignet sind, „normales" Zögern zu behandeln.

Da es eine Reihe an möglichen Motiven und Ursachen für Prokrastination gibt, ist ein differenzierteres, theoriegeleitetes Angebot an Interventionskonzepten, die sich auf individuelle Ursachen konzentrieren, wünschenswert. Solche alternativen Konzepte werden in einem ersten Überblick in dem Buch von Schouwenburg et al. (2004) beschrieben. Sie können Anregungen geben für die notwendige theoretische und praktische (Weiter-) Entwicklung geeigneter Interventionen.

Statt eines Nachworts: Ein kleiner literaturgeschichtlicher Exkurs

Fasst man die Ergebnisse des vorliegenden Buches zusammen, so wird man ernüchternd feststellen müssen, dass es auf die eingangs erwähnte Frage, warum Wolfgang Koeppen seinen so lange angekündigten großen Roman nicht geschrieben hat, keine wirklich befriedigende Antwort gibt; was, nebenbei gesagt, nicht nur daran liegt, dass uns wichtige Einflüsse auf sein privates Leben und sein Umfeld, aber auch seine persönlichen Motive verborgen geblieben sind.

Natürlich könnte man, wie das ja auch geschehen ist, und noch immer geschieht, dafür eine Menge Gründe nennen. Man könnte, wie Marcel Reich-Ranicki das getan hat, „dafür die Literaturkritik verantwortlich" machen, die Koeppens „Rang nicht erkannt" und „ihn nicht ausreichend ermutigt" (Weidermann, 2006, S. 57) habe.

Man könnte auch sagen, Koeppens wechselvolle und zwiespältige Vorgeschichte als Schriftsteller während des „Dritten Reiches" (Döring, 2003, S. 343) hätte ja in diesem Roman auch ein Thema sein müssen, und das habe ihn blockiert.

Möglich wäre das, wie es natürlich auch möglich wäre, dass der Anspruch, den dieser Schriftsteller an sich selbst gestellt hat, einfach zu hoch war. So hoch jedenfalls, dass die Angst, den eigenen Ansprüchen an ein perfektes Werk nicht genügen zu können, ihm so sehr zusetzte, dass er nicht imstande war, diesen, von seinem Verlag so ersehnten Roman zu schreiben. Solche Ängste gibt es ja reichlich – gerade auch bei Schriftstellern, man denke nur an Franz Kafka.

Denn er, der heute als einer der bedeutendsten Autoren der Weltliteratur gilt, hatte solche „Zweifel … hinsichtlich der Qualität seiner Werke", dass zu seinen Lebzeiten „nur einzelne Texte an die Öffentlichkeit" gelangten und er schließlich sogar testamentarisch verfügte, „sein Nachlass sei ungelesen zu vernichten" (Schicketanz, 2008, S. 408). Eine Aufforderung, der sein Freund und Testamentsvollstrecker Max Brod zum Glück nicht gefolgt ist!

Vielleicht hat Koeppen aber auch deshalb nur einen riesigen „Steinbruch aus Anfängen" (Estermann, 1998) hinterlassen, weil ihm eine Frau wie Alma Mahler-Werfel gefehlt hat.

Denn diese berühmt-berüchtigte Dame hat ihren Mann, Franz Werfel, nicht nur immer wieder freundlich zum Schreiben animiert, sondern manchmal geradezu gezwungen. „Nicht selten ließ sie sich die Früchte seiner Arbeit zeigen – lobte, tadelte und gab ihm die Richtung vor" (Helmes, 2004).

Ja, sie soll sogar, wenn sie und Franz Werfel Gäste in ihrem Haus hatten, keine Hemmung gehabt haben, ihren Mann, auch wenn der sich gerade in einem Gespräch mit diesen befand, plötzlich daran zu erinnern, dass es jetzt Zeit für ihn sei, sich in sein Arbeitszimmer zurückzuziehen, um weiter an seinem Roman zu schreiben, was dieser dann auch sofort getan habe.

Alma Mahler-Werfel sei eine Frau gewesen, die „allen, die ihr nahe kamen, … zu hilflosen Untertanen ihrer Macht" (Křenek, 1998, S. 340) habe machen wollen, schreibt der Komponist Ernst Křenek, ihr zeitweiliger Schwiegersohn, in seinen Erinnerungen, und so mag sie gewesen sein. Aber der Romanproduktion von Franz Werfel hat diese Macht wohl gutgetan, so dass man schon fragen kann, ob nicht auch Koeppen eine Frau gebraucht hätte, die ihn, ähnlich wie Alma es mit Werfel getan hat, immer wieder zum Schreiben hätte animieren sollen – um es einmal freundlich auszudrücken. Wir wissen es nicht, was wir aber wissen, ist, dass auch der große Gioacchino Rossini bis heute Rätsel aufgibt, weil er als Komponist schon mit 37 Jahren „wie ein Beamter in den Ruhestand trat" (Pahlen, 1983, S. 411). Denn nachdem er 39 Opern komponiert und 1829 mit der Aufführung seines „Wilhelm Tell" noch einmal einen großen Erfolg erzielt hatte, schrieb er in den vierzig Jahren, die er noch lebte, nicht nur keine einzige Oper mehr, sondern mit „Wilhelm Tell" war Rossinis „Schaffensweg" überhaupt „im wesentlichen" beendet.

„Im letzten unerklärlich" (Honegger & Massenkeil, 1987, S. 139) nennt die Musikwelt dieses Verhalten des „Schwans von Pesaro", wie Rossini nach seiner Geburtsstadt manchmal genannt wurde, zu dem freilich noch hinzuzufügen ist, dass er ab dem Jahr 1829 zwar keine „große Musik" mehr schrieb, dafür aber seine kulinarischen Interessen pflegte, „Freunde zu Gast in sein schönes Haus nach Passy" einlud, „wo er ihnen keine eigene Musik mehr, aber von ihm erfundene Speisen vorsetzte" (Pahlen, 1983, S. 411). Sein Interesse hatte sich verlagert: Nicht mehr das so anstrengende Komponieren, sondern der Genuss stand jetzt im Mittelpunkt seines Lebens, von dem er bezeichnenderweise einmal sagte, „er habe" in diesem „nur dreimal … geweint: als der Barbier von Sevilla ausgepfiffen wurde, bei einer Arie" und „als ich den Flügel eines getrüffelten Huhns in den Comer See fallen ließ" (Paczensky & Dünnebier, 1999, S. 89).

Könnte es bei Koeppen nicht ähnlich gewesen sein? So nämlich, dass er einfach keine Lust mehr hatte, die Strapazen, die ihn ein neuer Roman gekostet hätten auf sich zu nehmen, weil ihm anderes mehr Befriedigung brachte?

Welcher Schriftsteller war es noch, den seine Frau bat, einen Geburtstagsgruß zu schreiben, und der nach einer Stunde noch immer nicht mit diesem aus seinem Arbeitszimmer zurückgekehrt war? Um nachzusehen, was los wäre, ging sie schließlich zu ihm und sah, dass ihr Mann noch immer vor der Geburtstagskarte saß und außer der Anrede „Lieber“ noch kein einziges Wort zustande gebracht hatte.

„Ein Schriftsteller ist ein Mann, dem das Schreiben schwerer fällt als allen anderen Leuten“, soll Thomas Mann gesagt haben; und wie schwer, dafür ist Koeppen ein Beispiel, dessen Schweigen aber mehr Aufsehen erregte als das die Romane seiner meisten Kollegen taten. Und vielleicht – aber das ist mehr als Spekulation – hat er es in all den Jahren seines Schweigens mit dem Wort des weisen Laotse gehalten, der einmal gesagt hat: „Nichtstun ist besser, als mit viel Mühe nichts zu schaffen.“

Wie positiv „Nichtstun“ bisweilen sein kann, zeigt das Schicksal von Gottfried Benn, der von „März bis Juni 1914 … als Schiffsarzt nach New York“ reiste und „die Rückreise nicht – wie geplant – auf einem Segler“ antrat; „sein Glück“, denn „das Schiff ging auf der Fahrt nach Wladiwostok unter“ (Raddatz, 2001, S. 27).

Literaturverzeichnis

Achtziger, A. & Gollwitzer, P.M. (2006). Motivation und Volition im Handlungsverlauf. In J. Heckhausen & H. Heckhausen (Hrsg.), *Motivation und Handeln* (3. Aufl., S. 277–302). Heidelberg: Springer.

Ackerman, D.S. & Gross, B.L. (2005). My instructor made me do it: Task characteristics of procrastination. *Journal of Marketing Education, 27,* 5–13.

Aitken, M. (1982). *A personality profile of the college student procrastination. Unpublished doctoral dissertation.* University of Pittsburgh.

Anderson, C.J. (2003). The psychology of doing nothing: Forms of decision avoidance result from reason and emotion. *Psychology Bulletin, 129,* 139–167.

Andreou, C. (2007). *Understanding procrastination. Journal for the Theory of Social Behaviour, 37,* 183–193.

Asendorpf, J. (2012). *Persönlichkeitspsychologie für Bachelor.* Berlin: Springer.

Asendorpf, J. & Neyer, F.J. (2012). *Psychologie der Persönlichkeit* (5., vollständig überarb. Aufl.). Berlin: Springer.

Atkinson, J.W. (1957). Motivational determinants of risk-taking behavior. *Psychological Review, 64,* 359–372.

Bandura, A. (1997). *Self-efficacy: The exercise of control.* New York: Freeman.

Bandura, A. (2001). Social Cognitive Theory: An agentic perspective. *Annual Review of Psychology, 52,* 1–26.

Basco, M.R. (2012). *Schluss mit Prokrastinieren. Wie Sie heute beginnen, mit dem Aufschieben aufzuhören.* Bern: Huber.

Beck, A.T. (1993). Cognitive approaches to stress. In R. Woolfold & P. Lehrer (Hrsg.), *Principles and practice of stress management* (2nd ed., pp. 333–372). New York: Guilford Press.

Beck, B.L., Koons, S.R. & Milgrim, D.L. (2000). Correlates and consequences of behavioral procrastination: The effects of academic procrastination, self-consciousness, self-esteem and self-handicapping. *Journal of Social Behavior and Personality, 15,* 3–13.

Beier, M.E. & Ackerman, P. (2001). Current-events knowledge in adults: An investigation of age, intelligence, and nonability determinants. *Psychology and Aging, 16,* 615–628.

Beißner, J. (2004). *Ein Trainingsmodul für Pünktlichkeit bei studentischen Arbeitsstörungen.* Unveröffentlichte Diplomarbeit. Westfälische Wilhelms-Universität Münster.

Berglas, S. & Jones, E.E. (1978). Drug choice as a self-handicapping strategy in response to noncontingent success. *Journal of Personality and Social Psychology, 36,* 405–417.

Beswick, G. & Mann, L. (1994). State orientation and procrastination. In J. Kuhl & J. Beckmann (Hrsg.), *Volition and personality: Action versus state orientation* (S. 391–396). Göttingen, Seattle: Hogrefe.

Blunt, A.K. & Pychyl, T.A. (1998). Volitional action and inaction in the lives of undergraduate students: State orientation, procrastination and proneness to boredom. *Personality and Individual Differences, 24,* 837–846.

Blunt, A.K. & Pychyl, T.A. (2000). Task aversiveness and procrastination: a multi-dimensional approach to task aversiveness across stages of personal projects. *Personality and Individual Differences, 28,* 153–167.

Blunt, A. & Pychyl, T.A. (2005). Project systems of procrastinators: A personal project-analytic and action control perspective. *Personality and Individual Differences, 38,* 1771–1780.

Borkenau, P. & Ostendorf, F. (1993). *NEO-Fünf-Faktoren-Inventar (NEO-FFI) nach Costa und McCrae.* Testkatalog (2012/13) der Testzentrale Göttingen. Göttingen: Hogrefe.

Bortz, J. & Döring, N. (1995). *Forschungsmethoden und Evaluation* (2. Aufl.). Berlin: Springer.

Bossong, B. (1993). Handlungsregulation und Emotionskontrolle bei der Vorbereitung auf eine Hochschulprüfung. *Empirische Pädagogik, 7,* 3–20.

Buehler, R., Griffin, D. & MacDonald, H. (1997). The role of motivated reasoning in optimistic time predictions. *Personality and Social Psychology Bulletin, 23,* 238–247.

Callies, C. (2012). *Procrastination: Erklärungsansätze, Auswirkungen und Intervention.* Unveröffentlichte Dissertation, FB 1 der Universität Koblenz-Landau, Campus Koblenz.

Chu, A.H.C. & Choi, J.N. (2005). Rethinking procrastination: Positive effects of „active" procrastination behavior on attitudes and performance. *The Journal of Social Psychology, 145,* 245–264.

Claessens, B.J.C., van Eerde, W., Rutte, C. & Roe, R.A. (2009). Things to Do Today ...: A Daily Diary Study on Task Completion at Work. Applied Psychology: An International Review, onlinelibrary.wiley.com (doi:10.1111/j.1464-0597.2009.00390.x).

Clark, J.L. & Hill, O.W. (1994). Academic procrastination among african-american college students. *Psychological Reports, 75,* 931–936.

Costa, P.T. & McCrae, R.R. (1985). *The NEO personality inventory manual.* Odessa, Florida: Psychological Assessment Resources.

Costa, P.T. & McCrae, R.R. (1992). *The NEO personality inventory revised.* Odessa, Florida: Psychological Assessment Resources.

Dauenheimer, D., Stahlberg, D., Frey, D. & Petersen, L.-E. (2002). Die Theorie des Selbstwertschutzes und der Selbstwerterhöhung. In D. Frey & M. Irle (Hrsg.), *Theorien der Sozialpsychologie, Band III* (2. Aufl., S. 159–190). Bern: Huber.

Deci, E.L. & Ryan, R.M. (1987). *Intrinsic motivation and self-determination in human behavior.* New York Plenum.

Dewitte, S. & Lens, W. (2000). Procrastinators lack a broad action perspective. *European Journal of Personality, 14,* 121–140.

Dewitte, S. & Schouwenburg, H.C. (2002). Procrastination, temptations, and incentives: The struggle between the present and the future in procrastinators and the punctual. *European Journal of Personality, 16,* 469–489.

Díaz-Morales, J.F., Ferrari, J.R., Díaz, K. & Argumendo, D. (2006). Factorial structure of three procrastination scales with a spanish adult population. *European Journal of Psychological Assessment, 22,* 132–137.

Dietz, F., Hofer, M. & Fries, S. (2007). Individual values, learning routines, and academic procrastination. *British Journal of Educational Psychology, 77,* 893–906.

Döring, J. (2003). *Ich stellte mich unter, ich machte mich klein.* Frankfurt a.M. & Basel: Suhrkamp.

Eccles, J.S. (1983). Expectancies, values, and academic choice: Origins and changes. In

J. Spence (Hrsg.), *Achievement and achievement motivation* (pp. 87–104). San Francisco: Freeman.
Eccles, J.S. & Wigfield, A. (2002). Motivational beliefs, values and goals. *Annual Review of Psychology, 53,* 109–132.
Ederer, E.E., Aschemann, B., Essau, C.A. & O'Callaghan, J. (2008). Was du heute kannst besorgen, das verschiebe nicht auf morgen. Prokrastination bei österreichischen Studierenden. Präsentation auf dem Kongress der Deutschen Gesellschaft für Erziehungswissenschaft „Kulturen der Bildung". Technische Universität Dresden (http://141.30.37.165/docs/P362.pdf, Zugriff am 21.02.2013).
Eerde, van W. (2000). Procrastination: Self-regulation in initiating aversive goals. *Applied Psychology: An International Review, 49,* 372–389.
Eerde, van W. (2003a). A meta-analytically derived nomological network of procrastination. *Personality and Individual Differences, 35,* 1401–1418.
Eerde, van W. (2003b). Procrastination at work and time management training. *The Journal of Psychology, 137,* 421–434.
Eerde, van W. (2004). Procrastination in academic settings and the big five model of personality: A meta-analysis. In H.C. Schouwenburg, C.H. Lay, T.A. Pychyl & J.R. Ferrari (Hrsg.), *Counseling the procrastinator in academic settings* (pp. 29–40). Washington: American Psychology Association.
Ellis, A. (1993). *Die rational-emotive Therapie. Das innere Selbstgespräch bei seelischen Problemen und seine Veränderung* (5., stark erw. Neuausgabe). München: Pfeiffer.
Ellis, A. & Knaus, W.J. (1977). *Overcoming procrastination.* New York: New American Library.
Elvers, G.C., Polzella, D.J. & Graetz, K. (2003). Procrastination in online courses: Performance and attitudinal differences. *Teaching of Psychology, 30,* 159–162.
Epiktet (1996). *Handbüchlein der Moral und Unterredungen.* Zürich: Diogenes.
Essen, van T., Heuvel, van den S. & Ossebaard, M. (2004). A student course on self management for procrastinators. In H.C. Schouwenburg, C.H. Lay, T.A. Pychyl & J.R. Ferrari (Hrsg.), *Counseling the procrastinator in academic settings* (pp. 59–73). Washington: American Psychological Association.
Estermann, A. (1998). Ein riesiger Steinbruch aus Anfängen. Wolfgang Koeppens literarischer Nachlass. Ein Überblick. In *Frankfurter Allgemeine Zeitung,* 5.12.1998 (Bilder und Zeiten: If).
Farmer, R. & Sundberg, N.D. (1986). Boredom proneness: The development and correlates of a new scale. *Journal of Personality Assessment, 50,* 4–17.
Ferrari, J.R. (1989). Reliability of academic and dispositional measures of procrastination. *Psychological Reports, 64,* 1057–1058.
Ferrari, J.R. (1991a). Compulsive procrastination: Some self-reported characteristics. *Psychological Reports, 68,* 455–458.
Ferrari, J.R. (1991b). Procrastination and project creation: Choosing easy, nondiagnostic items to avoid self-relevant information. *Journal of Social Behavior and Personality, 6,* 619–628.
Ferrari, J.R. (1992). Psychometric validation of two procrastination inventories for adults: Arousal and avoidance measure. *Journal of Psychopathology & Behavioral Assessment, 14,* 97–110.

Ferrari, J.R. (1993). Christmas and procrastination: Explaining lack of diligence at a „real-world" task deadline. *Personality and Individual Differences, 14,* 25–33.

Ferrari, J.R. (1994). Dysfunctional procrastination and its relationship with self-esteem, interpersonal dependency, and self-defeating behaviours. *Personality and Individual Differences, 17,* 673–679.

Ferrari, J.R. (2000). Procrastination and attention: Factor analysis of attention deficit, boredomness, intelligence, self-esteem, and task delay frequencies. *Journal of Social Behavior and Personality, 15,* 185–196.

Ferrari, J.R. (2001). Procrastination as self-regulation failure of performance: Effects of cognitive load, self-awareness, and time limits on ‚working best under pressure'. *European Journal of Personality, 15,* 391–406.

Ferrari, J.R. (2004). Trait procrastination in academic settings: An overview of students who engage in task delays. In H.C. Schouwenburg, C.H. Lay, T.A. Pychyl & J.R. Ferrari (Hrsg.), *Counseling the procrastinator in academic settings* (pp. 19–27). Washington: American Psychological Association.

Ferrari, J.R. & Díaz-Morales, J.F. (2007). Perceptions of self-concept and self-presentation by procastinators: Further evidence. *The Spanish Journal of Psychology, 10,* 91–96.

Ferrari, J.R., Johnson, J.L. & McCown, W.G. (Hrsg.) (1995). *Procrastination and task avoidance. Theory, research, and treatment.* New York: Plenum.

Ferrari, J.R., Keane, S.M., Wolfe, R.N. & Beck, B.L. (1998). The antecedents and consequences of academic excuse-making. *Research in Higher Education, 39,* 199–215.

Ferrari, J.R., O'Callaghan, J. & Newbegin, I. (2005). Prevalence of procrastination in the United States, United Kingdom, and Australia: Arousal and avoidance delays among adults. *North American Journal of Psychology, 7,* 1–6.

Ferrari, J.R. & Olivette, M. (1994). Parental authority influences on the development of female dysfunctional procrastination. *Journal of Research in Personality, 28,* 87–100.

Ferrari, J.R., Parker, J.T. & Ware, C.B. (1992). Academic procrastination: Personality correlates with Myers-Briggs types, self-efficacy, and academic locus of control. *Journal of Social Behavior and Personality, 7,* 495–502.

Ferrari, J.R. & Pychyl, T.A. (Hrsg.) (2000). Procrastination: Current Issues and New Directions. A special issue of the *Journal of Social Behavior und Personality, Vol. 15, No. 5.*

Ferrari, J.R. & Scher, S.J. (2000). Toward an understanding of academic and nonacademic tasks procrastinated by students: The use of daily logs. *Psychology in the Schools, 37,* 359–366.

Ferrari, J.R. & Tice, D.M. (2000). Procrastination as a self-handicap for men and women: A task avoidance strategy in a laboratory setting. *Journal of Research in Personality, 34,* 73–83.

Frey, D. & Gaska, A. (1993). Die Theorie der kognitiven Dissonanz. In D. Frey & M. Irle (Hrsg.), *Theorien der Sozialpsychologie. Band 1, Kognitive Theorien* (S. 275–324). Bern: Huber.

Fritzsche, B.A., Young, B.R. & Hickson, K.C. (2003). Individual differences in academic procrastination tendency and writing success. *Personality and Individual Differences, 35,* 1549–1557.

Frost, R.O., Heimberg, R.G., Holt, C.S., Mattia, J. & Neubauer A.L. (1993). A comparison of two measures of perfectionism. *Personality and Individual Differences,* 14, 119–126.

Georges, K.H. (2003) *Ausführliches Lateinisch-Deutsches Handwörterbuch.* Darmstadt: Wissenschaftliche Buchgesellschaft.

Gollwitzer, P. (1996). Das Rubikonmodell der Handlungsphasen. In H. Heckhausen & J. Kuhl (Hrsg.), *Motivation, Volition und Handlung (Enzyklopädie der Psychologie, Themenbereich C , Serie IV Motivation und Emotion, Bd. 4*, S. 531–582). Göttingen: Hogrefe.

Gray, J.A. (1982). *The neuropsychology of anxiety: An enquiry into the functions of the septo-hippocampal system.* Oxford: Oxford University Press.

Grunschel, C. (2007). *Training gegen das Aufschieben von Arbeitsaufgaben: Entwicklung, Durchführung und Evaluation.* Unveröffentlichte Diplomarbeit, FB Humanwissenschaften, Universität Osnabrück.

Harrington, N. (2005). It's too difficult! Frustration intolerance beliefs and procrastination. *Personality and Individual Differences,* 39, 873–883.

Hautzinger, M., Bailer, M., Worall, H. & Keller, F. (1994). *Becks Depressions-Inventar: (BDI).* Bern: Huber.

Haycock, L.A., McCarthy, P. & Skay, C.L. (1998). Procrastination in college students: The role of self-efficacy and anxiety. *Journal of Counseling and Development, 76,* 317–323.

Heckhausen, H. (1989). *Motivation und Handeln* (2. Aufl.). Berlin: Springer.

Heckhausen, H. & Gollwitzer, P. (1987). Thought contents and cognitive functioning in motivational versus volitional states of mind. *Motivation and Emotion, 11,* 101–120.

Heckhausen, J. & Heckhausen, H. (2006). *Motivation und Handeln* (3. Aufl.). Heidelberg: Springer.

Helmes, O. (2004). Die Nottaufe als letzter Triumph. In FAZ vom 17.06.2004.

Helmke, A. & Schrader, F.-W. (2000). Procrastination im Studium – Erscheinungsformen und motivationale Bedingungen. In U. Schiefele & K.-P. Wild (Hrsg.), *Interesse und Lernmotivation. Untersuchungen zu Entwicklung, Förderung und Wirkung* (S. 207–225). Münster: Waxmann.

Hermans, D. (1977). *Analyse en validering van een studieproblemen vrangenlijst (Analysis and validation of a study problems questionnaire).* Unpubliziertes Manuskript, Universität von Nijmegen, Department IOWO. Nijmegen: Niederlande.

Höcker, A., Engberding, M., Beißner, J. & Rist, F. (2008). Evaluation einer kognitiv-verhaltenstherapeutischen Intervention zur Reduktion von Procrastination. *Verhaltenstherapie, 18,* 223–229.

Höcker, A., Engberding, M., Beißner, J. & Rist, F. (2009). Reduktion von Procrastination: Module zum pünktlichen Beginnen und realistischen Planen. *Verhaltenstherapie, 19,* 28–32.

Höcker, A., Engberding, M., Haferkamp, R. & Rist, F. (2012). Wirksamkeit von Arbeitszeitrestriktionen in der Procrastinationsbehandlung. *Verhaltenstherapie, 22,* 9–16.

Holz-Ebeling, F. (2006). Arbeitsverhalten und Arbeitsprobleme. In D. Rost (Hrsg.), *Handwörterbuch Pädagogische Psychologie* (3., überarb. und erweiterte Aufl., S. 22–29). Weinheim: Beltz.

Honegger, M. & Massenkeil, G. (Hrsg.) (1987). *Das Große Lexikon der Musik,* Bd.7. Freiburg: Herder.

Hooft van E.A., Born, M.P., Taris, T.W., van der Flier, H. & Blonk, R.W. (2005). Bridging the gap between intentions and behavior: Implementation intentions, action control, and procrastination. *Journal of Vocational Behavior, 66,* 238–256.

Horebeek, van, W., Michielsen, S., Neyskens, A. & Depreeuw, E. (2004). A cognitive behavioral approach in group treatment of procrastinators in academic setting. In H.C.

Schouwenburg, C.H. Lay, T.A. Pychyl & J.R. Ferrari (Hrsg.), *Counseling the procrastinator in academic settings* (S. 105–118). Washington: American Psychological Association.

Iskender, M. (2011). The influence of self-compassion on academic procrastination and dysfunctional attitudes. *Educational Research and Reviews, 6,* 230–234.

Johnson, J.L. & Bloom, A.M. (1995). An analysis of the contribution of the five factors of personality in academic procrastination. *Personality and Individual Differences. 18,* 127–133.

Jones, E.E. & Berglas, S. (1978). Control of attributions about the self through self-handicapping strategies: The appeal of alcohol and the role of underachievement. *Personality and Social Psychology Bulletin, 4,* 200–206.

Jones, E.E. & Rhodewalt, F. (1982). *The Self-Handicapping Scale.* Unpublished manuscript.

Jorke, K.B. (2007). *Probleme beim selbstregulierten Lernen im Studium. Das Wirkungsgefüge von Volition, Trait Procrastination und der Tendenz zur motivationalen Interferenz.* Diplomarbeit an der Universität Bielefeld (https://ub-madoc.bib.uni-mannheim.de/1801/1/Diplomarbeit.pdf, Zugriff am 22.02.2013).

Kachgal, M.M., Hansen, L.S. & Nutter, K.J. (2001). Academic procrastination prevention/intervention: Strategies and recommendations. *Journal of Developmental Education, 25,* 14–24.

Kessler, B.H. (1994). Rational-emotive Therapie. In R.C. Corsini & G. Wenninger (Hrsg.), *Handbuch der Psychotherapie* (3. Aufl., S. 1105–1126). Weinheim: Beltz.

Klassen, R.M., Ang, R.P., Chong, W.H., Krawchuk, L.L., Huan, V.S., Wong, I.Y. & Yeo, L.S. (2009). A cross-cultural study of adolescent procrastination. *Journal of Research on Adolescence, 19,* 799–811.

Klassen, R.M., Ang, R.P., Chong, W.H., Krawchuk, L.L., Huan, V.S., Wong, I.Y. & Yeo, L.S. (2010). Academic procrastination in two settings: Motivation correlates, behavioral patterns, and negative impact of procrastination in Canada and Singapore. *Applied Psychology, 59,* 361–379.

Klassen, R.M., Krawchuk, L.L. & Rajani, S. (2008). Academic procrastination of undergraduates: Low self-efficacy to self-regulate predicts higher levels of procrastination. *Contemporary Educational Psychology, 33,* 915–931.

Klingsieck, K.B. & Fries, S. (2012). Allgemeine Procrastination. Entwicklung und Validierung der deutschsprachigen Kurzskala der General Procrastination Scale (Lay, 1986). *Diagnostica, 58,* 182–193.

Knaus, W. (2002). *The Procrastination Workbook.* Oakland, CA: New Harbinger Publications.

Křenek, E. (1998). *Im Atem der Zeit: Erinnerungen an die Moderne.* Hamburg: Hoffmann & Campe.

Kriz, J. (2007). *Grundkonzepte der Psychotherapie* (6. Aufl.). Weinheim: Beltz.

Kuhl, J. (1983). *Motivation, Konflikt und Handlungskontrolle.* Berlin: Springer.

Kuhl, J. (1987). Motivation und Handlungskontrolle: Ohne guten Willen geht es nicht. In H. Heckhausen, P.M. Gollwitzer & F.E. Weinert (Hrsg.), *Jenseits des Rubikon: Der Wille in den Humanwissenschaften* (S. 101–120). Berlin: Springer.

Kuhl, J. (1994). A theory of action and state orientations. In J. Kuhl & J. Beckmann (Hrsg.), *Volition and personality: Action versus state orientation* (S. 9–46). Göttingen, Seattle: Hogrefe.

Kuhl, J. (2006). Individuelle Unterschiede in der Selbststeuerung. In J. Heckhausen & H. Heckhausen (Hrsg.), *Motivation und Handeln* (3., überarb. Aufl., S. 303–329). Heidelberg: Springer.

Landmann, M., Perels, F., Otto, B. & Schmitz, B. (2009). Selbstregulation. In E. Wild & J. Möller (Hrsg.), *Pädagogische Psychologie* (S. 49–72). Heidelberg: Springer.

Lay, C.H. (1986). At last, my research article on procrastination. *Journal of Research in Personality, 20,* 474–495.

Lay, C.H. (1988). The relationship of procrastination and optimism to judgments of time to complete an essay and anticipation of setbacks. *Journal of Social Behavior and Personality, 3,* 201–214.

Lay, C.H. (1990). Working to schedule on personal projects: An assessment of person-project characteristics and trait procrastination. *Journal of Social Behavior and Personality, 5,* 91–103.

Lay, C.H. (1995). Trait procrastination, agitation, dejection, and self-discrepancy. In J.R. Ferrari, J.L. Johnson & W.G. McCown (Hrsg.), *Procrastination and task avoidance. Theory, research, and treatment* (S. 97–112). New York: Plenum Press.

Lay, C.H. (1997). Explaining lower-order traits through higher-order factors: the case of trait procrastination, conscientiousness, and the specificity dilemma. *European Journal of Personality, Vol. 11,* 267–278.

Lay, C.H. (2004). Some basic elements in counseling procrastinators. In H.C. Schouwenburg, C.H. Lay, T.A. Pychyl & J.R. Ferrari (Hrsg.), *Counseling the procrastinator in academic settings* (pp. 43–58). Washington: American Psychological Association.

Lay, C.H. & Brokenshire, R. (1997). Conscientiousness, procrastination, and person-task characteristics in job searching by unemployed adults. *Current Psychology: Developmental, Learning, Personality, Social, 16,* 83–96.

Lay, C.H. & Burns, P. (1991). Intentions and behavior in studying for an examination: The role of trait procrastination and its interaction with optimism. *Journal of Social Behavior and Personality, 6,* 605–617.

Lay, C.H., Knish, S. & Zanatta, R. (1992). Self-handicappers and procrastinators: A comparison of their practice behavior prior to an evaluation. *Journal of Research in Personality, 26,* 242–257.

Lay, C.H. & Schouwenburg, H.C. (1993). Trait procrastination, time management, and academic behavior. *Journal of Social Behavior and Personality, 8,* 647–662.

Lay, C.H. & Silverman, S. (1996). Trait procrastination, anxiety, and dilatory behavior. *Personality and Individual Differences, 21,* 61–67.

Little, B.R. (1983). Personal projects. A rationale and method for investigation. *Environment and Behavior, 15,* 273–309.

Lonergan, J.M., & Maher, K.J. (2000). The relationship between job characteristics and workplace procrastination as moderated by locus of control. *Journal of Social Behavior and Personality, 15,* 213–224.

Malachowski, D. (2006). *Wasted time at work still costing companies billions in 2006* (http:/www.salary.com/wasted-time-at-work-still-costing-companies-billions-in-2006, Zugriff am 22.02.2013).

Mann, L. (1982). *Flinders Decision Making Questionnaire II.* Unpublished questionnaire. The Flinders University of South Australia.

Mann, L., Burnett, P., Radford, M. & Ford, S. (1997). The melbourne decision making

Questionnaire: An instrument for measuring patterns for coping with decisional conflict. *Journal of Behavioral Decision Making, 10*, 1–19.

McCown, W., & Johnson, J. (1989). Differential arousal gradients in chronic procrastination. Paper presented at the American Psychological Association. Alexandria, VA.McCown, W. & Roberts, R. (1994). Personal and chronic procrastination by university students during an academic examination period. *Personality and Individual Differences, 13*, 413–415.

McCrae, R.R. & John, O.P. (1992). An introduction to the five-factor model and its applications. *Journal of Personality, 60*, 175–215.

Meyer, W.-U. (1984). *Das Konzept von der eigenen Begabung*. Stuttgart: Huber.

Milgram, N.A., Danger, W. & Raviv, A. (1992). Situational and personal determinants of academic procrastination. *The Journal of General Psychology, 119*, 123–133.

Milgram, N.A., Marshevsky, S. & Sadeh, C. (1995). Correlates of academic procrastination: Discomfort, task aversiveness, and task capability. *Journal of Psychology, 129*, 145–155.

Milgram, N.A., Sroloff, B. & Rosenbaum, M. (1988). The procrastination of everyday life. *Journal of Research in Personality, 22*, 197–212.

Milgram, N.N., Mey-Tal, G. & Levison, Y. (1998). Procrastination, generalized or specific, in college students and their parents. *Personality and Individual Differences, 20*, 679–683.

Milgram, N.N. & Tenne, R. (2000). Personality correlates of decisional and task avoidant procrastination. *European Journal of Personality, 14*, 141–156.

Mischo, C. (2006). Der „Saisonarbeiter" – genauer betrachtet. *Zeitschrift für Pädagogische Psychologie, 20*, 97–110.

Onwuegbuzie, A.J. (2000). Academic procrastinators and perfectionistic tendencies among graduate students. *Journal of Social Behavior and Personality, 15*, 103–109.

Opitz, I. (2004). *Arbeitsstörungen bei Studierenden – Aufschieben, Versagens- und Bewertungsangst*. Unveröffentlichte Diplomarbeit, Westfälische Wilhelms-Universität Münster.

Ostendorf, F. & Angleitner, A. (2004). *NEO-PIR-R. NEO-Persönlichkeitsinventar nach Costa und McCrae, revidierte Fassung*. Testkatalog (2012/13) der Testzentrale Göttingen: Hogrefe.

Owens, A.M. & Newbegin, I. (1997). Procrastination in high school achievement: A causal structural model. Journal of Social Behavior and Personality, 12, 869–887.

Owens, A.M. & Newbegin, I. (2000). Academic procrastination of adolescents in English and Mathematics: Gender and personality variations. *Journal of Social Behavior and Personality, 15*, 111–124.

Paczensky, G. von & Dünnebier, A. (1999). *Kulturgeschichte des Essens und Trinkens*. München: Orbis Verlag.

Pahlen, K. (1983). *Opern der Welt*. Zürich: Verlagshaus AG, für Bertelsmann Club GmbH, Gütersloh.

Patzelt, J. (2004). *Arbeitsstörungen bei Studierenden – Aufschieben, Perfektionismus und Alltagsfehler*. Unveröffentlichte Diplomarbeit, Westfälische Wilhelms-Universität Münster.

Pervin, L.A., Cervone, D. & Oliver J.P. (2005). *Persönlichkeitstheorien* (5. Aufl.). München: Reinhardt (UTB).

Pychyl, T.A. (2008). Intransitive preference structures: The procrastination trap. *Psychology Today* (http://www.psychologytoday.com, Zugriff am 22.02.2013).

Pychyl, T.A. (2008). In search of the arousal procrastinator. *Psychology Today* (http://www.psychologytoday.com, Zugriff am 22.02.2013).

Pychyl, T.A., Coplan, R. & Reid, P. (2002). Parenting and procrastination: Gender differences in the relations between procrastination, parenting style and self-worth in early adolescence. *Personality and Individual Differences, 33*, 271–285.

Pychyl, T.A., Morin, R.W. & Salmon, B.R. (2000). Procrastination and the planning fallacy: An examination of the study habits of university students. *Journal of Social Behavior and Personality, 15*, 135–150.

Pychyl, T.A., Lee, J.M., Thibodeau, R. & Blunt, A. (2000). Five days of emotion: An experience sampling study of undergraduate student procrastination. *Journal of Social Behavior and Personality, 15*, 239–254.

Raddatz, F.J. (2001). *Gottfried Benn* (2. Aufl.). Berlin: Econ Ullstein List Verlag GmbH & Co. KG.

Rheinberg, F. (2004). *Motivationsdiagnostik.* Göttingen: Hogrefe.

Rheinberg, F. (2008). *Motivation* (7. Aufl.). Stuttgart: Kohlhammer.

Rhodewalt, F. (1990). Self-handicappers. Individual differences in the preference for anticipatory, self-protect acts. In R.L. Higgins, C.R. Snyder & S. Berglas (Hrsg.), *Self-handicapping. The paradox that isn't* (pp. 69–106). New York, London: Plenum Press.

Rist, F., Engberding, M., Patzelt, J. & Beißner, J. (2006). Prokrastination als verbreitete Arbeitsstörung. „Aber morgen fange ich richtig an!“ *Personalführung* 6, 64–78.

Rollett, B. (1983). Anstrengungsvermeidung als Motiv – Eine Antwort auf U.-J. Jopt. *Zeitschrift für Entwicklungspsychologie und Pädagogische Psychologie, 15*, 75–84.

Rollett, B. (2006). Anstrengungsvermeidung. In: D.H. Rost (Hrsg.), *Handwörterbuch Pädagogische Psychologie* (3. Aufl., S. 14–20). Weinheim: Beltz.

Rollett, B. & Bartram, M. (1977). *Anstrengungsvermeidungstest.* Braunschweig: Westermann Verlag.

Rollett, B. & Bartram, M. (1998). *Anstrengungsvermeidungstest* (*AVT*, 3., überarbeitete Aufl.). Göttingen: Hogrefe.

Rosario, P., Costa, M., Nunez, J.C., Gonzalez-Pienda, J., Solano, P. & Valle, A. (2009). Academic Procrastination: Associations with personal, school, and family variables. *The Spanish Journal of Psychology, 12,* 118–127.

Ross, S.R., Canada, K.E. & Rausch, M.K. (2002). Self-handicapping and the Five Factor Model of personality: mediation between Neuroticismn and Conscientiousness. *Personality and Individual Diffenrences, 32,* 1173–1184.

Rothblum, E.D., Solomon, L.J. & Murakami, J. (1986). Affective, cognitive and behavioral differences between high and low procrastinators. *Journal of Counseling Psychology, 33,* 387–394.

Rückert, H.-W. (1994). Wann, wenn nicht jetzt? Über das Aufschieben. In H. Knigge-Illner & O. Kruse (Hrsg.), *Studieren mit Lust und Methode. Neue Gruppenkonzepte für Beratung und Lehre* (S. 119–143). Weinheim: Deutscher Studien Verlag.

Rückert, H.-W. (2011). *Schluss mit dem ewigen Aufschieben. Wie Sie umsetzen, was Sie sich vornehmen* (7., vollständig überarbeitete Aufl.). Frankfurt: Campus.

Rustemeyer, R. (1993). *Aktuelle Genese des Selbst. Motive der Verarbeitung selbstrelevanter Informationen.* Münster: Aschendorff.

Rustemeyer, R. (2003). Die Dispositionismus-Situationismus-Kontroverse am Beispiel der Selbstkonzeptforschung. In N. Groeben (Hrsg.), *Zur Programmatik einer Sozialwissenschaftlichen Psychologie, Band II: Objekttheoretische Perspektiven, 2. Halbband* (S. 1–48). Münster: Aschendorff.

Rustemeyer, R. (2011). *Einführung in die Unterrichtspsychologie* (3., erw. Aufl.). Darmstadt: Wissenschaftliche Buchgesellschaft.

Rustemeyer, R. & Rausch, A. (2007). Akademisches Aufschiebeverhalten: Zusammenhang mit Erwartungs- und Wert-Variablen. *Psychologie in Erziehung und Unterricht, 54*, 47–58.

Rustemeyer, R. & Schirner, S. (2009). Studienleistungen und akademische Procrastination (state und trait). In M. Krämer, S. Preiser & K. Brusdeylins (Hrsg), *Psychologiedidaktik und Evaluation VII.* (S. 87–96). Aachen: Shaker Verlag.

Ryan, R.M. (1993). Agency and organization: Intrinsic motivation, autonomy, and the self in psychological development. In J.E. Jacobs (Hrsg.), *Nebraska Symposium on Motivation, 1992: Developmental Perspectives on Motivation: Current Theory and Research on Motivation* (Vol. 40, pp. 1–56). Lincoln: University of Nebraska Press.

Samberg, N. (2004). *Ein Trainingsmodell zur realistischen Planung bei studentischen Arbeitsstörungen.* Unveröffentlichte Diplomarbeit, Westfälische Wilhelms-Universität Münster.

Scher, S. & Ferrari, J. (2000). The recall of completed and noncompleted tasks through daily logs to measure procrastination. *Journal of Social Behaviour and Personality, 15*, 255–265.

Scher, S. & Osterman, N. (2002). Procrastination, conscientiousness, anxiety, and goals: Exploring the measurement and correlates of procrastination among school-aged children. *Psychology in the Schools, 39*, 385–398.

Schicketanz, T. (2008). Der große Kulturführer. Hamburg: Zeitverlag.

Schleider, K. & Güntert, M. (2009). Merkmale und Bedingungen studienbezogener Lern- und Arbeitsstörungen – eine Bestandsaufnahme. In Bayerisches Staatsinstitut für Hochschulforschung und Hochschulplanung (IHF). *Beiträge zur Hochschulforschung, Bd. 2*, S. 6–27 (http://www.ihf.bayern.de, Zugriff am 22.02.2013).

Schmitt, R. (1996). *Rational-Emotive-Theorie (RET): Eine Einführung.* Münster: Lit Verlag.

Schouwenburg, H.C. (1995). Academic procrastination: Theoretical notions, measurement, and research. In J.R. Ferrari, J.L. Johnson & W.G. McCown (Hrsg.), *Procrastination and task avoidance. Theory, research, and treatment* (pp. 71–96). New York: Plenum.

Schouwenburg, H.C. (2004). Perspectives on counseling the procrastinator. In H.C. Schouwenburg, C.H. Lay, T.A. Pychyl & J.R. Ferrari (Hrsg.). *Counseling the procrastinator in academic settings* (pp. 197–208). Washington: American Psychological Association.

Schouwenburg, H.C. & Groenewoud, J.T. (2001). Study motivation under social temptation: Effects of trait procrastination. *Personality and Individual Differences, 30*, 229–240.

Schouwenburg, H.C. & Lay, C.H. (1995). Trait procrastination and the big five factors of Personality. *Personality and Individual Differences, 18*, 481–490.

Schouwenburg, H.C., Lay, C.H., Pychyl, T.A. & Ferrari, J.R. (Hrsg.) (2004). *Counseling the procrastinator in academic settings*. Washington: American Psychological Association.

Schuler, H. & Prochaska, M. (2001). *Leistungsmotivationsinventar. Dimensionen berufsbezogener Leistungsorientierung*. Testkatalog (2012/13) der Testzentrale Göttingen. Göttingen: Hogrefe.

Schubert-Walker, L.J. (2004). Overcoming the patterns of powerlessness that lead to procrastination. In H.C. Schouwenburg, C.H. Lay, T.A. Pychyl & J.R. Ferrari (Hrsg.), *Counseling the procrastinator in academic settings* (pp. 75–89). Washington: American Psychological Association.

Schulz, N. (2007). *Procrastination und Planung. Eine Untersuchung zum Einfluss von Aufschiebeverhalten und unterschiedlichen Planungskompetenzen*. Dissertation Universität Münster (http://miami.uni-muenster.de/, Zugriff am 22.02.2013).

Schwarzer, R. (2000). *Stress, Angst und Handlungsregulation* (4. Aufl.). Stuttgart: Kohlhammer.

Schwarzer, R. & Jerusalem, M. (2001). *Skalen zur Erfassung von Lehrer- und Schülermerkmalen: Dokumentation der psychometrischen Verfahren im Rahmen der wissenschaftlichen Begleitung des Modellversuchs Selbstwirksame Schulen* (htpp://www.fu-berlin.de/gesund/schulen/skalen/htm, Zugriff am 21.02.2013).

Schwarzer, R. & Jerusalem, M. (2002). Das Konzept der Selbstwirksamkeit. In M. Jerusalem & D. Hopf (Hrsg.), *Selbstwirksamkeit und Motivationsprozesse in Bildungssituationen* (S. 28–53). Zeitschrift für Pädagogik, 44. Beiheft. Weinheim: Beltz.

Seiwert, L.J. (2005). *Wenn Du es eilig hast, gehe langsam. Mehr Zeit in einer beschleunigten Welt*. Frankfurt: Campus.

Seiwert, L.J. (2007). *Das neue 1 x 1 des Zeitmanagement. Zeit im Griff, Ziele in Balance. Kompaktes Know-how für die Praxis* (29. Aufl.). München: Gräfe und Unzer GU-Verlag.

Senecal, C., Lavoie, K. & Koestner, R. (1997). Trait and situational factors in procrastination: An interactional model. *Journal of Social Behavior and Personality, 12*, 889–903.

Senecal, C., Julien, E. & Guay, F. (2003). Role conflict and academic procrastination: A self-determination perspective. *European Journal of Social Psychology, 33*, 135–145.

Sigall, H., Kruglanski, A., Stangor, C. & Fyock, J. (1997). *Wishful thinking: Individuals differ in how much their motivation affects their cognition*. Unpublished manuscript; College Park, University of Maryland.

Sigall, H., Kruglanski, A. & Fyock, J. (2000). Wishful thinking and procrastination. *Journal of Social Behavior and Personality, 15*, 283–296.

Smith, T.W., Snyder, C.R. & Handelsman, M.M. (1982). On the self-serving function of an academic wooden leg: Test anxiety as a self-handicapping strategy. *Journal of Personality and Social Psychology, 42*, 314–321.

Solomon, L.J. & Rothblum, E.D. (1984). Academic procrastination: Frequency and cognitive-behavioral correlates. *Journal of Counseling Psychology, 31*, 503–509.

Sroloff, B. (1983). *An empirical research of procrastination as a state/trait phenomenon*. Unpublished master's thesis, Tel Aviv University, Ramat-Aviv.

Stavemann, H. (1995). *Emotionale Turbulenzen*. Weinheim: Beltz.

Steel, P. (2007). The nature of procrastination: A meta-analytic and theoretical review of quintessential self-regulatory failure. *Psychological Bulletin, 133*, 65–94.

Steel, P. (2010). Arousal, avoidant and decisional procrastinators: Do they exist? *Personality and Individual Differences, 48*, 926–934.

Steel, P. (2011). *The procrastination equation.* Harlow u.a.: Prentice Hall Life (deutsche Übersetzung: Der Zauderberg: Warum wir immer alles auf morgen verschieben und wie wir damit aufhören. Köln: Lübbe-Verlag, 2011).

Steel, P. & Ferrari, J. (2013). Sex, education and procrastination: An epidemiological study of procrastinators' characteristics from a global sample. *European Journal of Personality, 27,* 51–58.

Steel, P., Brothen, T. & Wambach, K. (2001). Procrastination and personality, performance and mood. *Personality and Individual Differences, 30,* 95–106.

Stöber, J. (1995). *Tuckman Procrastination Scale-Deutsch (TPS-D)* (http://www.erzwiss.uni-halle.de/gliederung/paed/ppsych/sdtpsd.pdf, Zugriff am 22.02.2013).

Stöber, J. & Joormann, J. (2001). Worry, procrastination, and perfectionism: Differentiating amount of worry, pathological worry, anxiety, and depression. *Cognitive Therapy and Research, 25,* 49–60.

Strongman, K.T. & Burt, C.D. (2000). Taking breaks from work: An exploratory inquiry. *Journal of Psychology, 134,* 229–242.

Tice, D.M. & Baumeister, R.F. (1997). Longitudinal study of procrastination, performance, stress, and health: The cost and benefits of dawdling. *Psychological Science, 8,* 454–458.

Tuckman, B.W. (1991). The development and concurrent validity of the procrastination scale. *Educational and Psychological Measurement, 51,* 473–480.

Tuckman, B.W. (1998). Using tests as an incentive to motivate procrastinators to study. *Journal of Experimental Education, 66,* 141–147.

Tuckman, B.W. & Schouwenburg, H.C. (2004). Behavioral interventions for reducing procrastination among university students. In H.C. Schouwenburg, C.H. Lay, T.A. Pychyl & J.R. Ferrari (Hrsg.), *Counseling the procrastinator in academic settings* (pp 91–103). Washington: American Psychological Association.

Vallerand, R.J. (1997). Toward a hierarchical model of intrinsic and extrinsic motivation. *Advances in Experimental Social Psychology, 29,* 271–361.

Vodanovich, S.J. & Rupp, D.E. (1999). Are procrastinators prone to boredom? *Social Behavior and Personality, 27,* 11–16.

Watson, D.C. (2001). Procrastination and the five-factor model: a facet level analysis. *Personality and Individual Differences, 30,* 149–158.

Weidermann, V. (2006). *Lichtjahre* (4. Aufl.). Köln: Kiepenheuer & Witsch.

Wesley, J.C. (1994). Effects of ability, high school achievement, and procrastination behavior on college performance. *Educational and Psychological Measurement, 54,* 404–408.

Wigfield, A. & Eccles, J.S. (2000). Expectancy-value theory of achievement motivation. *Contemporary Educational Psychology, 25,* 265–310.

Wigfield, A. & Eccles, J.S. (2002). The development of competence beliefs, expectancies for success, and achievement values from childhood through adolescence. In A. Wigfield & J.S. Eccles (Hrsg.), *Development of achievement motivation* (pp. 91–120). San Diego: Academic Press.

Wild, E. & Möller, J. (Hrsg.) (2009). *Pädagogische Psychologie.* Heidelberg: Springer.

Wild, K.P. & Schiefele, U. (1994). Lernstrategien im Studium: Ergebnisse zur Faktorenstruktur und Reliabilität eines neuen Fragebogens. *Zeitschrift für Differentielle und Diagnostische Psychologie, 15,* 185–200.

Wilken, B. (1995). Rational-Emotive Therapie und Kognitive Verhaltenstherapie: Gemeinsamkeiten und Unterschiede in Theorie und Praxis. In D. Schwarz (Hrsg.), *Zeitschrift für Rational-Emotive Therapie & Kognitive Verhaltenstherapie, 6*, 5–15.

Wohl, M.J., Pychyl, T.A. & Bennett, S.H. (2010). I forgive myself, now I can study: How self-forgiveness for procrastinating can reduce future procrastination. *Personality and Individual Differences, 48*, 803–808.

Wolters, C.A. (2003). Understanding procrastination from a self-regulated learning perspective. *Journal of Educational Psychology, 95*, 179–187.

Wolters, C.A. (2004). Advancing achievement goal theory: Using goal structures and goal orientations to predict students' motivation, cognition, and achievement. *Journal of Educational Psychology, 96*, 236–250.

Zimmerman, B.J., Bandura, A. & Martinez-Pons, M. (1992). Self-motivation for academic attainment: The role of self-efficacy beliefs and personal goal-setting. *American Educational Research Journal, 29*, 663–676.

Zuckerman, M. (1988). behavior and biology: Research on sensation seeking and reactions to the media. In L. Donohew, H.E. Sypher and E.T. Higgins (Hrsg.), *Communication, Social Cognition and Affect* (pp. 173–194). Hillsdale, New Jersey: Lawrence Erlbaum.

Anhang

A 01: General Procrastination Scale (GP oder GPS)

A 02: General Procrastination Scale, deutschsprachige Kurzskala (GPS- K) (student version)

A 03: Adult Inventory of Procrastination (AIP)

A 04: Decisional Procrastination Scale (DP) (1982)

A 05: Decisional Procrastination Scale (DP) (1997)

A 06: Aitken Procrastination Inventory (API)

A 07: Tuckman Procrastination Scale (TPS)

A 08: Tuckman Procrastination Scale – Deutsch (TPS-D)

A 09: Study Problems Questionnaire (SPQ)

A 10: Academic Procrastination State Inventory (APSI)

A 11: Procrastination Checklist Study Task (PCS)

A 12: Self-Handicapping Scale

A 13: Self-Handicapping Scala (dt. Übersetzung)

A 14: Anstrengungsvermeidungstest (angepasste Form für Erwachsene)

A 01: General Procrastination Scale (GP oder GPS); Lay (1986)

1 = false of me, 2 = not usually true for me, 3 = sometimes false/true for me, 4 = mostly true for me, 5 = true of me

		1	2	3	4	5
1	I often find myself performing tasks that I had intended to do before.					
2	I often miss concerts, sporting events, or the like, because I don't get around to buying tickets on time.					
3	When planning a party, I make the necessary arrangements well in advance.					
4	When it is time to get up in the morning, I most often get right out of bed.					
5	A letter may sit for days after I write it before I mail it.					
6	I generally return phone calls promptly.					
7	Even with jobs that require little else expect sitting down and doing them, I find they seldom get down for days.					
8	I usually make decisions as soon as possible.					
9	I generally delay before starting on work I have to do.					
10	When traveling, I usually have to rush in preparing to arrive at the air port or station at the appropriate time.					
11	When preparing to go out, I am seldom caught having to do something at the last.					
12	In preparing for some deadlines, I often waste time by doing other things.					
13	If a bill for a small amount comes, I pay it right away.					
14	I usually return a „R. S. V. R." request very shortly after receiving it.					
15	I often have a task finished sooner than necessary.					
16	I always seem to end up shopping for birthday gifts at the last minute.					
17	I usually buy even an essential item at the last minute.					
18	I usually accomplish all the things I plan to do in a day.					
19	I am continually saying „I'll do it tomorrow".					
20	I usually take care of all the tasks I have to do before I settle down and relax for the evening.					

Die Items 3, 4, 6, 8, 11, 13, 14, 15, 18, 20 müssen rekodiert werden.

A 02: General Procrastination Scale, deutschsprachige Kurzskala (GPS-K) (student version); Klingsieck & Fries (2012)

1 = sehr untypisch bis 4 = sehr typisch

		1	2	3	4
1	Ich ertappe mich häufig dabei, Aufgaben zu erledigen, die ich eigentlich schon vor Tagen tun wollte.				
2	Ich erledige Aufgaben immer erst kurz vor dem Abgabetermin.				
3	Selbst kleine Sachen, bei denen man sich nur hinsetzen und sie erledigen müsste, bleiben häufig für Tage liegen.				
4	Bei der Vorbereitung auf einen Abgabetermin vergeude ich häufig meine Zeit mit anderen Dingen.				
5	Normalerweise fange ich mit einer Arbeitsaufgabe gleich an, wenn ich sie bekommen habe.				
6	Ich bin häufig mit Aufgaben früher fertig als nötig.				
7	Normalerweise erledige ich am Tag alle Dinge, die ich geplant hatte.				
8	Ich sage dauernd: „Das mache ich morgen“.				
9	Im Allgemeinen erledige ich alles, was ich machen wollte, bevor ich mich am Abend hinsetze und mich ausruhe.				

Die Items 5, 6, 7, 9 müssen rekodiert werden.

A 03: Adult Inventory of Procrastination (AIP); McCown & Johnson (1989)

1 = strongly disagree, 2 = disagree, 3 = sometimes disagree/sometimes agree, 4 = agree, 5 = strongly agree

		1	2	3	4	5
1	I pay my bills on time.					
2	I am prompt and on time for most appointments.					
3	I lay out my clothes the night before I have an appointment so I won't be late.					
4	I find myself running later than I would like to be.					
5	I don't get things done on time.					
6	If someone were teaching a course on how to get things done on time I would attend.					
7	My friends and family think I wait until the last minute.					
8	I get important things done with time to spare.					

		1	2	3	4	5
9	I am not very good at meeting deadlines.					
10	I find myself running out of time.					
11	I schedule doctor's appointments when I am supposed to without delay.					
12	I am more punctual than most people know.					
13	I do routine maintenance (e.g., changing the car's oil) on things I own as often I should.					
14	When I have to be somewhere at certain time my friends expect me to run a bit late.					
15	Putting things off till the last minute has cost me money in the past year.					

Die Items 1, 2, 3, 8, 11, 12, 13 müssen rekodiert werden.

A 04: Decisional Procrastinaton (DP); Mann (1982)

1 = not true for me, 2 = often untrue for me, 3 = sometimes false/true for me,
4 = often true for me, 5 = true of me

		1	2	3	4	5
1	I waste a lot of time on trivial matters before getting to the final decision.					
2	Even after I make a decision I delay acting upon it.					
3	I don't make decisions unless I really have to.					
4	I delay making decisions until its too late.					
5	I put off making decisions.					

A 05: Decisional Procrastinaton (DP); Mann, Burnett, Radford & Ford (1997)

0 = not true for me, 1 = sometimes true, 2 = true for me

		0	1	2
1	I waste a lot of time on trivial matters before getting to the final decision.			
2	Even after I have made a decision I delay acting upon it.			
3	When I have do make a decisions I wait for a long time before starting to think about it.			
4	I delay making decisions until it is too late.			
5	I put off making decisions.			

A 06: Aitken Procrastination Inventory (API); Aitken (1982), (dt. Übersetzung von Helmke & Schrader, 2000)

1 = trifft gar nicht zu, 2 = trifft eher nicht zu, 3 = trifft teilweise zu,
4 = trifft überwiegend zu, 5 = trifft genau zu

		1	2	3	4	5
1	Ich zögere den Beginn von Aufgaben bis zur letzten Minute hinaus.					
2	Ich brauche oft sehr lange, um mit einer Sache in Gang zu kommen.					
3	Selbst wenn ich weiß, dass eine Aufgabe unbedingt erledigt werden muss, kann ich mich nur schwer dazu durchringen, gleich damit anzufangen.					
4	Ich zögere den Beginn von Arbeiten so lange hinaus, dass ich nicht rechtzeitig damit fertig werde.					
5	Mit Arbeiten, die unbedingt getan werden müssen, fange ich unverzüglich an.					
6	Ich muss mich oft furchtbar beeilen, um Dinge noch rechtzeitig fertig zu bekommen.					
7	Wenn ein wichtiges Problem anstehen würde, würde ich so schnell wie möglich damit anfangen.					
8	Gebe es einen Kurs, der mir helfen würde, meine Anlaufschwierigkeiten beim Arbeiten abzubauen, würde ich ihn besuchen.					
9	Ich schiebe Arbeiten nicht auf, wenn ich weiß, dass sie unbedingt erledigt werden müssen.					
10	Ich bin mit meinen Arbeiten oft schon früher fertig als nötig.					
11	Ich erledige meine Aufgaben regelmäßig jeden Tag, damit ich mit meinem Pensum nicht in Verzug gerate.					
12	Wenn eine Prüfung bevorsteht, bin ich oft noch mit anderen Arbeiten beschäftigt, die kurzfristig fertiggestellt werden müssen.					
13	Bei wichtigen Terminen an der Hochschule kalkuliere ich eine reichlich bemessene Zeitreserve ein.					
14	Ich nutze Freistunden zwischen einzelnen Lehrveranstaltungen, um schon einmal mit meinen häuslichen Lernaufgaben in Gang zu kommen.					
15	Wenn ich eine wichtige Verabredung habe, sorge ich dafür, dass die dafür benötigten Sachen am Abend vorher bereitliegen.					
16	Ich achte sorgfältig darauf, ausgeliehene Bücher rechtzeitig zur Bibliothek zurückzubringen.					
17	Zu Verabredungen und Treffen komme ich oft zu spät.					
18	Im Allgemeinen komme ich rechtzeitig zu Lehrveranstaltungen.					
19	Ich neige dazu, die Arbeitsmenge, die ich innerhalb einer bestimmten Zeit bewältigen kann, zu überschätzen.					

Die Items 5, 7, 9, 10, 11, 13, 14, 15, 16, 18 müssen rekodiert werden.

A 07: Tuckman Procrastination Scale (TPS); Tuckman (1991)

1 = that's me for sure, 2 = that's my tendency, 3 = that's not my tendency, 4 = that's not me for sure

		1	2	3	4
1	I needlessly delay finishing jobs, even when they're important.				
2	I postpone starting in on things I don't like to de.				
3	When I have a deadline, I wait till the last minute.				
4	I delay making tough decisions.				
5	I keep putting off improving my work habits.				
6	I manage to find an excuse for not doing something.				
7	I put the necessary time into even boring tasks, like studying.				
8	I am an incurable time waster.				
9	I'm a time waster now but I can't seem to de anything about it.				
10	When something's too tough to tackle, I believe in postponing it.				
11	I promise myself I'll do something and then drag my feet.				
12	Whenever I make a plan of action, I follow it.				
13	Even though I hate myself if I don't get started, it doesn't get me going.				
14	I always finish important jobs with time to spare.				
15	I get stuck in neutral even though I know how important it is to get started.				
16	Putting something off until tomorrow is not the way I do it.				

Die Items 7, 12,14,16 müssen rekodiert werden.

A 08: Tuckman Procrastination Scale – Deutsch (TPS-D); Stöber (1995)

1 = trifft überhaupt nicht zu, 2 = trifft eher nicht zu, 3 = weder noch, 4 = trifft eher zu, 5 = trifft ganz genau zu

		1	2	3	4	5
1	Ich schiebe die Erledigung von Arbeiten unnötigerweise auf, auch dann, wenn sie wichtig sind.					
2	Wenn ich bestimmt Dinge nicht mag, schiebe ich es vor mir her, damit anzufangen.					
3	Wenn ich einen Abgabetermin habe, dann warte ich bis zur letzten Minute.					
4	Schwierige Entscheidungen schiebe ich vor mir her.					

		1	2	3	4	5
5	Ich schiebe es immer wieder auf, meine Arbeitsgewohnheiten zu verbessern.					
6	Ich finde leicht eine Entschuldigung dafür, etwas nicht zu erledigen.					
7	Ich investiere die nötige Zeit in meine Aufgaben, auch, wenn sie langweilig sind.					
8	Ich bin ein unverbesserlicher Zeitverschwender.					
9	Ich bin zwar ein Zeitverschwender, kann aber anscheinend nichts dagegen machen.					
10	Wenn etwas zu schwierig ist, um es in Angriff zu nehmen, verschiebe ich es grundsätzlich.					
11	Ich nehme mir fest vor, etwas Bestimmtes zu erledigen, und dann lasse ich es doch schleifen.					
12	Wenn ich mir einen Plan zurechtlege, dann halte ich mich auch immer daran.					
13	Auch wenn ich mich dafür hasse, dass ich nicht anfange, hilft mir das nicht, in Gang zu kommen.					
14	Wichtige Arbeiten schließe ich immer so rechtzeitig ab, dass ich noch Zeit übrig habe.					
15	Ich komme nicht in die Gänge, obwohl ich genau weiß, wie wichtig es ist, dass ich anfange.					
16	Es ist nicht meine Art, etwas auf morgen zu verschieben.					

Anmerkung: Die Items 7, 12, 14 und 16 müssen rekodiert werden.

A 09: Study Problems Questionnaire (SPQ); Hermans (1977)

1 = strongly disagree, 2 = disagree, 3 = neither disagree/nor agree, 4 = agree, 5 = strongly agree

		1	2	3	4	5
1	I can't get myself down to work hard enough.					
2	I work in an unsystematic way.					
3	I'm always behind with my work.					
4	I continuously interrupt my work in order to smoke, have coffee, walk around, or talk to somebody.					
5	I don't care enough about my study.					
6	I work by fits.					
7	I miss a real incentive to work.					

		1	2	3	4	5
8	I can't stop thinking about my work, even when I try to relax.					
9	When I start working on some task, I think that I won't be able to manage it.					
10	At times, hen studying, I feel struck by panic.					
11	I often can't get to sleep because I have to think about my work.					
12	I feel guilty when not working.					
13	Often I feel too depressed to concentrate adequately on my work.					
14	I fear being seized by panic during examinations.					
15	I often think that people know more than I do.					
16	I'm afraid that all my weak points will show up at examinations.					
17	Certain aspects of my study are really interesting.					
18	I like to talk about my study with other people.					
19	I often think that a different study is more interesting than mine.					
20	My interest in my study is growing all the time.					

A 10: Academic Procrastination State Inventory (APSI); (Schouwenburg, 1995, dt. Übersetzung von Helmke & Schrader, 2000)

1 = niemals, 2 = selten, 3 = manchmal, 4 = meistens, 5 = immer

Wie oft sind in der *letzten Woche* die folgenden Verhaltensweisen und Gedanken bei Ihnen aufgetreten? Sie sind / haben

		1	2	3	4	5
1	vorzeitig mit dem Lernen aufgehört, um sich mit angenehmeren Dingen zu beschäftigen					
2	das Lernen eine Zeit lang unterbrochen, um andere Dinge zu tun					
3	sich von der Arbeit ablenken lassen					
4	die Fertigstellung einer Aufgabe hinausgeschoben					
5	keine Energie zum Lernen gehabt					
6	sich vorgenommen, zu einem bestimmten Zeitpunkt mit dem Lernen anzufangen, sind dann aber nicht weiter gekommen					
7	aufgehört zu lernen, als es mal nicht so gut lief					
8	beim Lernen Konzentrationsprobleme gehabt					

		1	2	3	4	5
9	so viele andere Dinge getan, dass nicht mehr genügend Zeit für das Lernen übrig geblieben ist					
10	auch tatsächlich den Stoff gelernt, den Sie sich vorgenommen hatten					
11	gedacht, Sie bräuchten noch nicht gleich mit dem Lernen anzufangen, weil noch ausreichend Zeit vorhanden wäre					
12	beim Lernen ins Tagträumen geraten					
13	mit dem Lernen aufgehört, weil Sie sich nicht so gut gefühlt haben					
14	beim Lernen Panikgefühle erlebt					
15	Angst bekommen, den Anforderungen nicht gerecht werden zu können					
16	Zweifel an den eigenen Fähigkeiten bekommen					
17	beim Lernen eine besondere Anspannung verspürt					
18	einen regelrechten Hass auf das Lernen empfunden					
19	sich gefragt, wozu Sie eigentlich überhaupt studieren, wenn dies so viel Verdruss mit sich bringt					
20	beim Lernen eine Abneigung gegenüber dem Lernstoff empfunden					
21	sich gefragt, ob es überhaupt richtig war, die Lehrveranstaltungen/den Kurs zu besuchen					
22	den Lernstoff langweilig gefunden					
23	Vergessen, die nötigen Vorbereitungen für das Lernen zu treffen					

A 11: Procrastination Checklist Study Tasks (PCS); Schouwenburg (1995)

Part A:	*At the start of the present or last academic year, you had to do few administrative tasks. Please indicate how you did these tasks in comparison with your intention to do them.*
1a	Registered as a student …
1b	Intended to do so … (upon receipt of forms; early August; late August; after September 1st)
2a	Read through the study guide…
2b	Intended to do so … (upon receipt; after a few days; after a few weeks; not yet)
3a	Made a selection of courses …
3b	Intended to do so … (amply before term began; just before term began; in the course of the term; at exam registration)

Part B.	*For the last term in which you attended lectures, please indicate how you did that in comparison with your intention to do so.*
1a	Present at lecture …
1b	Intended to do so … (always; most of the time; half of the time; seldom)
2a	Listened with concentration …
2b	Intended to do so … (all of time; most of the time; half of the time; less than half of time)
3a	Took notes …
3b	Intended to do so … (all of time; most of the time; half of the time; less than half of time)
Part C:	*For the last three exams you intended to do, please indicate how (on the average) you performed the following actions in comparison with your intention to perform them.*
1a	Obtained books and papers …
1b	Intended to do so … (before term began; as term began; in course of lectures; just before exam)
2a	Registered for examination …
2b	Intended to do so … (first day registration; after a while; last occasions possible; too late)
3a	Started studying (homework) …
3b	Intended to do so … (beginning of lectures; amply in time; just in time; too late)
4a	Started making extras …
4b	Intended to do so … (beginning of lectures; amply in time; just in time; too late; not at all)
5a	Rehearsing materials …
5b	Intended to do so … (after first lectures; amply in time; just in time; too late)

A 12: Self-Handicapping Scale (Jones & Rhodewalt, 1982; nach Rhodewalt, 1990).

0 = disagree very much, 1 = disagree pretty much, 2 = disagree a little, 3 = agree a little, 4 = agree pretty much, 5 = agree very much

		0	1	2	3	4	5
1	When I do something wrong, my first impulse is to blame circumstances.						
2	I tend to put things off until the last moment.						

		0	1	2	3	4	5
3	I tend to overprepare when I have an exam or any kind of „performance“.						
4	I suppose I feel „under the weather“ more often than most people.						
5	I always try to do my best, no matter what.						
6	Before I sign up for a course or engage in any important activity, I make sure I have the proper preparation or background.						
7	I tend to get very anxious before an exam or „performance“.						
8	I am easily distracted by noises or my own creative thoughts when I try to read.						
9	I try not to get too intensely involved in competitive activities so it won't hurt too much if I lose or do poorly.						
10	I would rather be respected for doing my best than admired for my potential.						
11	I would do a lot better if I tried harder.						
12	I prefer small pleasures in the present to larger pleasures in the dim future.						
13	I generally hate to be in any condition but „at my best“.						
14	Someday I might „get it all together“.						
15	I sometimes enjoy being mildly ill for a day or two because it takes off the pressure.						
16	I would do much better if I did not let my emotions get in the way.						
17	When I do poorly at one kind of thing, I often console myself by remembering I am good at other things.						
18	I admit that I am tempted to rationalize when I don't live up to other's expectations.						
19	I often think I have more than my share of bad luck is sports, card games, and other measures of talent.						
20	I would rather not take any drug that interfered with my ability to think clearly and do the right thing.						
21	I overindulge in food and drink more often that I should.						
22	When something important is coming up, like an exam or a job interview, I try to get as much sleep as possible the night before.						
23	I never let emotional problems in one part of my life interfere with other things in my life.						
24	Usually, when I get anxious about doing well, I end up doing better.						
25	Sometimes I get so depressed that even easy tasks become difficult.						

Die Items 3, 5, 6, 10, 13, 20, 22, 23 müssen rekodiert werden.

A 13: Self-Handicapping Scale (dt. Übersetzung, vgl. Callies, 2012)

1 = lehne ich voll und ganz ab bis 6 = stimme ich voll und ganz zu

		1	2	3	4	5	6
1	Wenn ich irgendetwas falsch mache, tendiere ich zunächst dazu, es auf ungünstige Umstände zu schieben.						
2	Ich schiebe Sachen bis zum Schluss auf.						
3	Ich bereite mich gewöhnlich viel zu intensiv auf Prüfungen oder „Auftritte“ vor.						
4	Ich bin zur Zeit nicht in bester Form.						
5	Ich versuche immer, in allen Situationen mein Bestes zu geben.						
6	Ich melde mich nur zu einem Kurs oder Seminar an bzw. entscheide mich nur dann in wichtigen Angelegenheiten, wenn ich mir sicher bin, die Veranstaltung erfolgreich zu schaffen bzw. mit meiner Entscheidung richtig zu liegen.						
7	Ich bin vor Prüfungen und „Auftritten“ sehr ängstlich.						
8	Beim Lesen lasse ich mich leicht von Geräuschen oder meinen eigenen Einfällen ablenken.						
9	Ich versuche, mich nicht zu sehr in Wettbewerbssituationen hineinzusteigern, dann ist es nicht ganz so schlimm, wenn ich verliere oder schlecht abschneide.						
10	Es wäre mir lieber, dafür respektiert zu werden, dass ich mein Bestes gebe, als für meine Potenziale bewundert zu werden.						
11	Wenn ich mich mehr anstrengen würde, würde ich viel bessere Ergebnisse erzielen.						
12	Ich ziehe kleine Annehmlichkeiten in der Gegenwart möglichen großen Vorteilen in der Zukunft vor.						
13	Normalerweise hasse ich es regelrecht, wenn ich keine herausragenden Leistungen erbringe.						
14	Eines Tages werde ich alles auf die Reihe bringen.						
15	Manchmal genieße ich es, ein oder zwei Tage leicht krank zu sein, weil das den Druck etwas von mir nimmt.						
16	Ich könnte viel besser sein, wenn ich es schaffen würde, dass mir meine Gefühle und meine Sorgen nicht in die Quere kämen.						
17	Wenn ich irgendwo schlecht bin, baue ich mich häufig damit auf, indem ich daran denke, dass ich bei anderen Dingen gut bin.						
18	Ich tendiere dazu, mir Ausreden zurechtzulegen, wenn ich den Erwartungen Anderer nicht gerecht werde.						
19	Manchmal habe ich den Eindruck, ich habe überdurchschnittlich viel Pech im Sport, bei Kartenspielen und anderen Freizeitaktivitäten.						

		1	2	3	4	5	6
20	Ich würde keine Drogen nehmen, die mich daran hindern, klar zu denken und das Richtige zu tun.						
21	Ich esse zu viel und trinke mehr Alkohol als ich sollte.						
22	In der Nacht vor einer Prüfung oder einem Vorstellungsgespräch versuche ich soviel Schlaf zu bekommen wie möglich.						
23	Ich lasse niemals zu, dass emotionale Probleme in einem Lebensbereich Auswirkungen auf andere Lebensbereiche haben.						
24	Wenn ich mir vorher Sorgen mache, ob ich etwas gut schaffen kann, habe ich hinterher für gewöhnlich mehr Erfolg.						
25	Manchmal bin ich so deprimiert, dass mir sogar sehr leichte Aufgaben schwer fallen.						

Die Items 3, 5, 6, 10, 13, 20, 22, 23 müssen rekodiert werden.

A 14: Anstrengungsvermeidungstest (Rollett & Bartram, 1977). Angepasste Form für Erwachsene (vgl. Callies, 2012)

1 = stimme ich voll zu bis 6 = stimme ich gar nicht zu

		1	2	3	4	5	6
1	Andere (meine Mitbewohner, Partner(in), etc.) will/wollen immer gerade dann, dass ich helfe, wenn eine gute Sendung im Fernsehen läuft.						
2	Es passiert mir oft, dass ich gar nicht höre, wenn ein Dozent / Referent uns Aufgaben gegeben hat bzw. Fragen gestellt hat.						
3	Ich habe keine Lust mehr zu arbeiten (lernen), wenn ich an Freizeitbeschäftigungen denke.						
4	Wenn man dafür nicht soviel arbeiten müsste, wäre ich gern ein guter Student.						
5	Ich werde oft nicht mit dem Lernen bzw. mit den Vorbereitungen für die Uni fertig, weil mich jemand stört.						
6	Wenn ich arbeite / lerne, muss ich immer daran denken, dass ich jetzt andere Dinge tun könnte.						
7	Mit meinen Aufgaben / meinen Vorbereitungen für die Uni werde ich oft nicht fertig, weil ich dazwischen zu lange nachdenken muss.						
8	Ich kann nichts dafür, wenn ich das, was ich auswendig lernen soll, nicht behalten kann.						
9	Andere (z.B. meine Dozenten / Kommilitonen) sagen oft, dass ich schneller arbeiten soll.						
10	Wenn draußen die Sonne scheint, kann ich einfach nicht arbeiten.						

		1	2	3	4	5	6
11	Ich habe oft Langeweile.						
12	Warum soll ich am Wochenende lernen, wenn die anderen Leute auch nicht arbeiten.						
13	Ich verstehe überhaupt nicht, warum man bestimmte Dinge auswendig lernen soll.						
14	Die Dozenten verwenden zu viele Wörter, die ich nicht verstehe.						
15	Wenn ich keine Referate halten müsste und keine Seminar oder Hausarbeiten schreiben müsste, könnte ich in der Uni viel besser aufpassen.						
16	Ich kann meine Aufgaben nicht ordentlich machen, weil ich immer gestört werde.						
17	Rechtschreibung ist nicht wichtig, man könnte ja auch alles ganz anders schreiben.						
18	Was mich nicht interessiert, will ich gar nicht machen.						
19	Wenn ich lange schreiben muss, werde ich ganz müde.						
20	Die Dozenten nehmen mich nie dran, wenn ich mich melde, warum soll ich mich dann melden.						

Personenregister